AF275158

COLEX

GRACIAS POR CONFIAR EN COLEX

Disfrute gratuitamente **DURANTE UN AÑO** de los eBook, audiolibros y Colex Copilot de las obras de Editorial Colex*

ACTIVA TU CÓDIGO PARA ACCEDER A LOS SERVICIOS

1. Accede a **www.colex.es**.

2. Inicia sesión o regístrate como usuario.

3. Dirígete al menú de usuario y haz clic en **«Mis códigos»**.

4. Introduce el siguiente código **(RASCA PARA VER EL CÓDIGO)**:

◆ Una vez se valide el código, aparecerá una ventana de confirmación y su eBook / audiolibro / Colex copilot estarán activos **durante 1 año desde su activación** en la pestaña «Mis libros» en el menú de usuario.

* Los audiolibros están disponibles en las ediciones más recientes de nuestras obras. Se excluyen expresamente las colecciones «Códigos comentados», «Biblioteca digital» y los productos de www.vademecumlegal.es. Colex Copilot únicamente está disponible en las ediciones más recientes de las colecciones «Paso a paso» y «Vademecum».

No se admitirá la devolución si el código promocional ha sido manipulado y/o utilizado.

¡Gracias por confiar en nosotros!

La obra que acaba de adquirir incluye de forma gratuita la versión electrónica.

Acceda a nuestra página web para aprovechar todas las funcionalidades de las que dispone en nuestro lector.

Funcionalidades eBook

Acceso desde cualquier dispositivo con conexión a internet

Idéntica visualización a la edición de papel

Navegación intuitiva

Tamaño del texto adaptable

Síguenos en:

NUEVA FUNCIONALIDAD CON INTELIGENCIA ARTIFICIAL EN LOS LIBROS DE COLEX

| Una cortesía de Iberley.es |

En Colex damos un paso más en innovación jurídica. Desde ahora, las guías «Paso a paso» y los «Vademecum» incorporan una nueva funcionalidad basada en **inteligencia artificial**, gracias a la tecnología de **Iberley IA**.

El lector podrá interactuar directamente con el contenido del libro de forma inmediata, útil y centrada exclusivamente en su materia.

☑ **¿Qué puede hacer el usuario en el libro?**

💬 Realizar preguntas sobre el contenido del libro.

📦 Solicitar explicaciones de artículos, conceptos o normativa.

☀ Utilizar un ChatBot inteligente, contextualizado y acoplado al contenido legal del libro.

💡 Resolver dudas puntuales mientras se estudia o trabaja con la obra.

☒ **¿Qué no puede hacer esta versión del ChatBot?**

✗ No permite generar escritos jurídicos.

✗ No analiza ni responde documentos externos.

✗ No responde a consultas de otras materias distintas a la del libro.

Esta herramienta está pensada para enriquecer la experiencia de lectura y consulta del libro. Su uso es exclusivo sobre su contenido.

¿QUIERES IR MÁS ALLÁ? DESCUBRE IBERLEY IA

Si necesitas una **solución avanzada de inteligencia legal**, con cobertura total de materias y documentos, entra en **www.iberley.es** y accede a todas las funcionalidades profesionales:

CUADRO SIMBÓLICO DE FUNCIONALIDADES		
Funcionalidad	**En los libros Colex**	**En Iberley.es**
Preguntar sobre el contenido del libro	✓	✓
Solicitar explicaciones jurídicas	✓	✓
ChatBot integrado al contenido del libro	✓	✓
Consultas sobre otras materias	✗	✓
Análisis de documentos externos	✗	✓
Generación de escritos jurídicos	✗	✓
Traducción jurídica	✗	✓
Informes y resúmenes legales automáticos	✗	✓
Contratos, guías prácticas y emails para clientes	✗	✓
Estrategias judiciales y jurisprudencia instantánea	✗	✓

CONTRATO INDEFINIDO ADSCRITO A OBRA EN LA CONSTRUCCIÓN

Lo que debes saber sobre el contrato indefinido adscrito a obra en el sector de la construcción

CONTRATO INDEFINIDO ADSCRITO A OBRA EN LA CONSTRUCCIÓN

Lo que debes saber sobre el contrato indefinido adscrito a obra en el sector de la construcción

EDICIÓN 2025

Obra realizada por el Departamento de Documentación de Iberley

COLEX 2025

© Editorial Colex, S.L.
Calle Costa Rica, número 5, 3º B (local comercial)
A Coruña, C.P. 15004
info@colex.es
www.colex.es

I.S.B.N.: 979-13-7011-397-1
Depósito legal: C 1632-2025

SUMARIO

6. FORMACIÓN A LOS TRABAJADORES DEL SECTOR DE LA CONSTRUCCIÓN Y SU ACREDITACIÓN

ANEXO I. CASOS PRÁCTICOS

ANEXO II. FORMULARIOS

0.
INTRODUCCIÓN

Históricamente, el sector de la construcción ha utilizado contratos de obra o servicio determinado, conocidos como «fijos de obra», que permitían la transformación en contratos fijos de plantilla tras un cierto periodo. Esta modalidad fue regulada en sucesivos convenios generales de la construcción y ratificada por la jurisprudencia del Tribunal Supremo. Sin embargo, la alta temporalidad y situaciones abusivas llevaron a la necesidad de una reforma.

La STJUE n.º C-550/19, de 24 de junio de 2021, cuestionó la justificación de la renovación de contratos «fijos de obra» por razones objetivas, lo que impulsó la reforma laboral 2021-2022. Desde el **31 de diciembre de 2021 la modalidad de «fijo de obra» fue eliminada** y se ha introducido en nuestro ordenamiento jurídico el denominado **contrato de trabajo indefinido «adscrito a obra»** objeto de esta guía paso a paso.

El contrato indefinido adscrito a obra en el sector de la construcción se establece en el **artículo 2 del Real Decreto-ley 32/2021, de 28 de diciembre** (reforma laboral 2021-2022), como una modificación en la **D.A. 3.ª de la Ley 32/2006, de 18 de octubre** (Ley de subcontratación en el sector de la construcción).

La gran peculiaridad de esta figura la encontramos en su causa de extinción, donde esta modalidad contractual introduce una serie de condiciones específicas para su extinción, vinculadas a la finalización de las obras y a la cualificación de la persona trabajadora.

En primer lugar, la **extinción** del contrato indefinido adscrito a obra puede ocurrir por motivos inherentes a la persona trabajadora, tales como el rechazo de una propuesta de recolocación, la falta de cualificación adecuada para nuevas obras, o la inexistencia de obras acordes a su cualificación en la provincia. La empresa debe notificar la extinción con quince días de antelación y ofrecer una **indemnización** del 7 % de los conceptos salariales devengados durante la vigencia del contrato.

Además, la propuesta de recolocación y formación debe ser formalizada por escrito y aceptada por la persona trabajadora con quince días de antelación a la finalización de su trabajo en la obra. Este proceso de formación, que puede durar hasta 20 horas, se realiza a cargo de la empresa y puede desarrollarse dentro o fuera de la jornada laboral, siendo retribuido como tiempo de trabajo ordinario.

La complejidad también radica en la necesidad de adaptar la cualificación de la persona trabajadora a las nuevas obras, lo cual puede no siempre ser posible, generando situaciones de exceso de personal cualificado para las mismas funciones. En estos casos, se deben seguir criterios de prioridad o permanencia establecidos por la negociación colectiva.

Nuestra obra nace con la intención de analizar en detalle la figura del contrato indefinido adscrito a obra en el sector de la construcción dentro del nuevo paradigma de contratación que se ha establecido tras la reforma laboral de 2021-2022, la cual limita la contratación temporal y potencia la figura del fijo discontinuo.

1.
CONTEXTO EN LA APARICIÓN DE LA FIGURA Y CONFIGURACIÓN NORMATIVA

El BOE del 30 de diciembre de 2021 publicaba, tras una convalidación algo convulsa, el **Real Decreto-ley 32/2021, de 28 de diciembre, de medidas urgentes para la reforma laboral, la garantía de la estabilidad en el empleo y la transformación del mercado de trabajo (reforma laboral 2021-2022)**.

El RDL 32/2021 surge en un contexto de necesidad de reforma laboral estructural, motivada por problemas históricos de elevada temporalidad, precariedad y desempleo, especialmente comparados con la media europea. Estas circunstancias habían generado graves ineficiencias y desigualdades en el mercado laboral, algo agravado por crisis recientes como la de la COVID-19.

En este marco, e**l sector de la construcción presentaba una singularidad respecto a otros sectores económicos** por el uso extensivo de los contratos de obra y servicio determinado y por las características propias de su actividad basada en proyectos, lo que propiciaba una elevada rotación de personal y una especial incidencia de la temporalidad.

Como respuesta, la norma optó por la implantación de un **régimen jurídico propio y específico para el sector de la construcción**, a través de la modificación de la disposición adicional tercera de la Ley 32/2006, de 18 de octubre, reguladora de la subcontratación en este sector.

En concreto, se establece la figura del **contrato indefinido adscrito a obra**, adaptado a la realidad de la construcción y cuya extinción no obedece a las clásicas causas objetivas o disciplinarias sino a «motivos inherentes a la persona trabajadora», tras la finalización de la obra concreta a la que estaba adscrito el empleado. Esta finalización impone a la empresa la obligación de efectuar una propuesta de recolocación al trabajador, incluyendo procesos de recualificación y formación a cargo de la empresa como paso previo antes de extinguir el contrato.

La norma define de manera precisa cuándo se entiende finalizada la obra y las condiciones bajo las que puede extinguirse el contrato, así como las garantías para la persona trabajadora y la obligación empresarial de indemnización (7 % sobre los conceptos salariales del convenio). Este régimen, al menos en sus inicios, aspira a conjugar la flexibilidad inherente al sector con los derechos a la estabilidad y empleabilidad del trabajador, evitando la desprotección y abusos derivados de la temporalidad sistemática.

Por tanto, podríamos decir que en el contexto de la reforma laboral 2021-2022 la intención del legislador no fue otra que la de dotar al sector de la construcción de un régimen específico que responda a sus necesidades particulares, pero dentro de un marco garantista y en línea con el objetivo general del Real Decreto-ley 32/2021: reducir la temporalidad y mejorar la estabilidad en el empleo en todos los sectores, particularmente en aquellos con mayores dificultades como la construcción.

1.1. Repaso a las medidas para reducir la temporalidad y mejorar la estabilidad en el empleo

La reforma laboral 2021-2022 se presentaba con la finalidad de garantizar la estabilidad del empleo, promoviendo que los contratos indefinidos sean la norma general y haciendo que sean tasados y puntuales los casos en los que puede celebrarse un contrato de trabajo de duración determinada. A modo de resumen, podemos estandarizar una serie de **aspectos clave en la norma que han inferido en mayor o menor medida en la figura de análisis:**

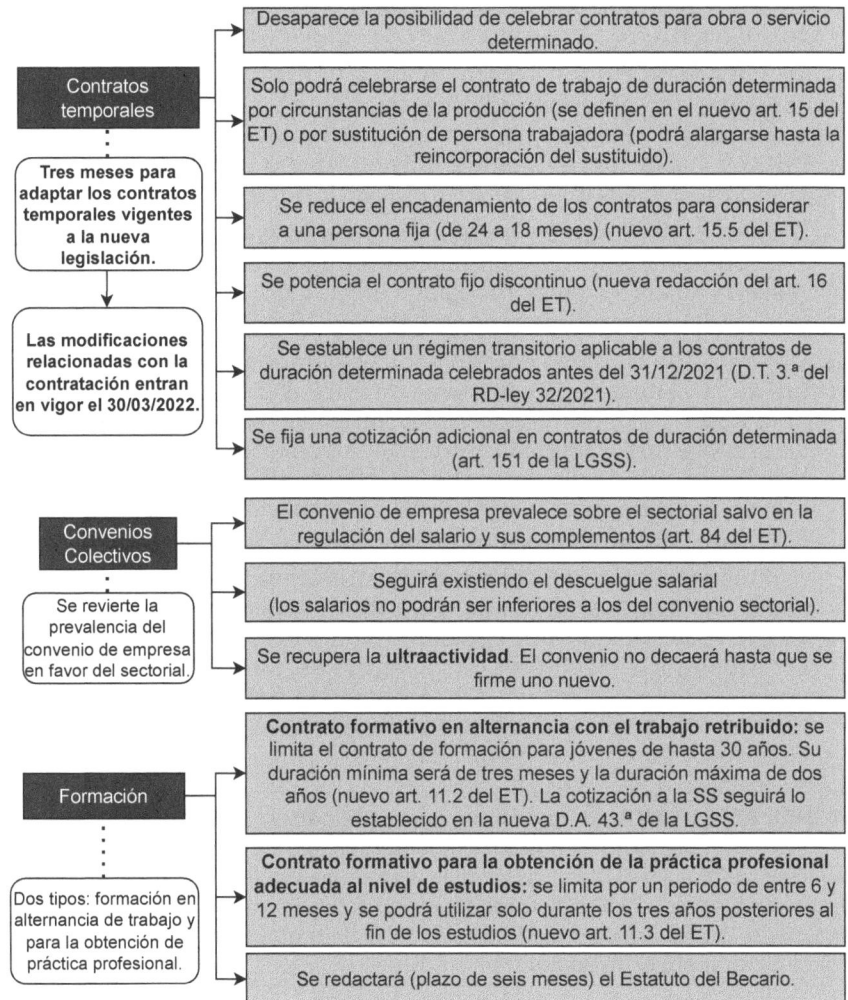

1. Fechas y régimen transitorio del Real Decreto-ley 32/2021, de 28 de diciembre

1. Fecha de publicación: 30/12/2021

2. Fecha de entrada en vigor: 31/12/2021, con las salvedades (D.F. 8.ª) que entrarán en vigor a los tres meses de la publicación (30/03/2022).

En distintas disposiciones transitorias (D.T. 1.ª - D.T. 7.ª) se fijan regímenes transitorios de los contratos vigentes a 31/12/2021. En concreto:

- Contratos formativos (D.T. 1.ª y 2.ª): los contratos en prácticas y para la formación y el aprendizaje basados en lo previsto en el artículo 11 del Estatuto de los Trabajadores, según la redacción vigente antes de la entrada en vigor del apartado uno del artículo primero, resultarán aplicables hasta su duración máxima, en los términos recogidos en el citado precepto.

  La cotización de los contratos para la formación y el aprendizaje suscritos con anterioridad a la entrada en vigor del real decreto-ley analizado, se realizará conforme a lo establecido en la D.A. 43.ª de la LGSS y, hasta tanto no entre en vigor dicho régimen de cotización, conforme a lo establecido en el apartado anterior.

- Contratos de duración determinada celebrados antes del 31 de diciembre de 2021 (D.T. 3.ª): resultarán aplicables hasta su duración máxima en los términos recogidos en el ex art. 15.1.a), b) y c) del Estatuto de los Trabajadores (vigente hasta 31/12/2021).

- Contratos de duración determinada celebrados desde el 31 de diciembre de 2021 hasta el 30 de marzo de 2022 (D.T. 4.ª): los contratos para obra y servicio determinado y los contratos eventuales por circunstancias del mercado, acumulación de tareas o exceso de pedidos, celebrados desde el 31 de diciembre de 2021 hasta el 30 de marzo de 2022, se regirán por la normativa legal o convencional vigente en la fecha en que se han concertado y su duración no podrá ser superior a seis meses.

- Límites al encadenamiento de contratos temporales (D.T. 5.ª): el nuevo límite al encadenamiento de contratos se aplica desde el 31/12/2021 (nueva redacción del art. 15.5 del ET). Para los contratos suscritos con anterioridad, a los efectos del cómputo del número de contratos, del período y del plazo previsto en el artículo 15.5 del ET vigente, se tomará en consideración solo el contrato vigente a la entrada en vigor de este Real Decreto-ley (31/12/2021).

A TENER EN CUENTA. Se regula una nueva obligación: la empresa deberá informar a los trabajadores y a sus representantes acerca de la obtención de su condición de fijos en el plazo de los diez días siguientes al cumplimiento de los plazos establecidos. Del mismo modo, el SEPE dará también traslado a la Inspección de Trabajo y Seguridad Social si advirtiera que se han podido superar los límites temporales máximos.

2. Simplificación de contratos y presunción de contrato indefinido como regla general

Con carácter general, **desde el 30/03/2022, el contrato de trabajo se presume concertado por tiempo indefinido** (art. 15 del ET).

Esto supuso:

- Los contratos se presumen concertados por tiempo indefinido (art. 15.1 del ET), también en el sector de la construcción. No obstante, se fija un régimen transitorio aplicable a los contratos de duración determinada celebrados antes del 31 de diciembre de 2021.

- Se reducen las modalidades de contratación disponibles. Solo existirá un contrato de duración determinada, que podrá celebrarse por circunstancias de la producción o por sustitución de la persona trabajadora (art. 15.1 del ET). Para que se entienda que concurre causa justificada de temporalidad será necesario que se especifiquen con precisión en el contrato la causa habilitante de la contratación temporal, las circunstancias concretas que la justifican y su conexión con la duración prevista.

- Desincentivos para penalizar la excesiva rotación en los contratos de muy corta duración: los contratos de duración determinada inferior a 30 días tendrán una cotización adicional a cargo del empresario a la finalización de este. Dicha cotización adicional se calculará multiplicando por tres la cuota resultante de aplicar a la base mínima diaria de cotización del grupo 8 del Régimen General de la Seguridad Social para contingencias comunes, el tipo general de cotización a cargo de la empresa para la cobertura de las contingencias comunes (modificación del art. 151 de la LGSS). Esta penalización en la cotización adicional no se aplicará a los contratos celebrados con trabajadores incluidos en el Sistema Especial para Trabajadores por Cuenta Ajena Agrarios, en el Sistema Especial para Empleados de Hogar o en el Régimen Especial para la Minería del Carbón; ni a los contratos por sustitución.

‖ 3. Nuevos contratos de duración determinada

Para que se entienda que concurre **causa justificada de temporalidad** será necesario que se especifiquen con precisión, en el contrato, la causa habilitante de la contratación temporal, las **circunstancias concretas que la justifican y su conexión** con la duración prevista.

> **A TENER EN CUENTA.** Se fijan una serie de condiciones en las que un contrato temporal adquiere la condición de fijo: a) fraude de ley por incumpliendo de lo establecido en el artículo 15 del ET; b) ausencia de alta en la Seguridad Social una vez transcurrido un plazo igual al que legalmente se hubiera podido fijar para el periodo de prueba; c) en caso de encadenamiento de contratos temporales en las nuevas condiciones definidas. La nueva regulación reduce a 18 meses en un periodo de 24 el plazo de encadenamiento de contratos para adquirir la condición de trabajador indefinido (con anterioridad a la reforma 2022 el límite era de 24 meses en un periodo de 30 meses).

Los nuevos contratos de duración determinada **vigentes a partir del 30/03/2022** son:

- Contrato ante circunstancias de la producción: se entenderá por circunstancias de la producción, el incremento ocasional e imprevisible y las oscilaciones que, aun tratándose de la actividad normal de la empresa, generan un desajuste temporal entre el empleo estable disponible y el que se requiere (siempre que no responda a los supuestos incluidos en el artículo 16.1 del ET). Este tipo de contrato no podrá durar más de seis meses, ampliables hasta otros seis meses más por convenio colectivo de ámbito sectorial (modificación del art. 15.2 del ET).

- Contrato para la sustitución de persona trabajadora: podrán celebrarse contratos de duración determinada para:

  » La **sustitución de una persona trabajadora con derecho a reserva de puesto de trabajo**, siempre que se especifique en el contrato el nombre de la persona sustituida y la causa de la sustitución.

  » Para **completar la jornada reducida por otra persona trabajadora,** cuando dicha reducción se ampare en causas legalmente establecidas o reguladas en el convenio colectivo y se especifique en el contrato el nombre de la persona sustituida y la causa de la sustitución.

  » Para la **cobertura temporal de un puesto de trabajo durante el proceso de selección o promoción** para su cobertura definitiva mediante contrato fijo, sin que su duración pueda ser en este caso superior a tres meses, o el plazo inferior recogido en convenio colectivo, ni pueda celebrarse un nuevo contrato con el mismo objeto una vez superada dicha duración máxima.

REFORMA LABORAL 2021-2022: CONTRATO DE DURACIÓN DETERMINADA

Contratos temporales vigentes hasta 30/03/2022	Contrato de obra o servicio determinado.
	Contrato eventual por circunstancias de producción
	Contrato de sustitución o interinidad.

| **Contratos temporales vigentes desde 30/03/2022** | Contrato de trabajo de duración determinada por circunstancias de la producción. |
| | Contrato de trabajo de duración determinada por sustitución de persona trabajadora. |

| **Tres meses para adaptar los contratos temporales vigentes a la nueva legislación** | Se establece un **régimen transitorio** aplicable a los contratos de duración determinada celebrados antes del 31/12/2021 o desde el 31/12/2021 al 30/03/2022 (DD.TT. 3.ª y 4.ª del Real Decreto-ley 32/2021). |

| **Régimen transitorio sobre límites al encadenamiento de contratos** | Lo previsto en la redacción dada por el RDL al art. 15.5 del ET será de aplicación a los contratos de trabajo **suscritos a partir de la entrada en vigor del mismo**. Respecto a los contratos **suscritos con anterioridad** a los efectos del cómputo del número de contratos del período y del plazo previsto en el citado artículo 15.5, se tomará en consideración solo el contrato vigente a la entrada en vigor del RDL. |

|| 4. Contratos formativos

Se realiza un cambio de modelo, estableciéndose un contrato formativo con dos modalidades: el contrato de formación en alternancia, que tendrá por objeto compatibilizar la actividad laboral retribuida con los correspondientes procesos formativos en el ámbito de la formación profesional, los estudios universitarios o el *Catálogo de especialidades formativas del Sistema Nacional de Empleo* y el contrato formativo para la obtención de la práctica profesional adecuada al correspondiente nivel de estudios (art. 11 del ET).

a) Contrato formativo en alternancia con el trabajo retribuido por cuenta ajena: redefine los límites aplicativos, retributivos y temporales para responder a un nuevo objeto: adquirir la competencia profesional adecuada correspondiente a un determinado nivel de estudios (FP, universidad o *Catálogo de Cualificaciones profesionales del Sistema Nacional de Empleo*). (Nuevo art. 11.2 del ET).

- Podrán concertarse con personas de cualquier edad salvo en el caso del Catálogo de Cualificaciones Profesionales, con límite de hasta 30 años y tendrán una duración máxima de dos años.

- Las jornadas serán no superiores al 65 % el primer año y al 85 % el segundo año sin poder realizar horas extra, trabajo a turnos o jornadas nocturnas. La retribución se adaptará al convenio y no podrá bajar de 60 % (el primer año y del 75 % el segundo año). Nunca será menor al SMI proporcional a la jornada.

- Un tutor o una tutora con la formación adecuada se encargará de monitorizar el plan formativo individual que se diseñe para cada persona y el correcto cumplimiento del objeto del contrato que deberá.

- Se atienden, además, las necesidades específicas de las personas con discapacidad.

b) Contrato formativo para la obtención de la práctica profesional adecuada al nivel de estudios: podrán celebrarse dentro del plazo de tres (o cinco años en el caso de personas con discapacidad) después de obtenida la certificación. Tendrán entre seis meses y un año de duración (art. 11.3 del ET).

La retribución será la propia del convenio para el puesto salvo previsión específica y también contarán, en iguales condiciones que los contratos formativos, con seguimiento tutorial.

c) La acción protectora de la Seguridad Social de las personas que suscriban un contrato formativo en cualquiera de las modalidades anteriores comprenderá las contingencias protegibles y prestaciones, incluido el desempleo y la cobertura del Fondo de Garantía Salarial.

> **A TENER EN CUENTA**. El nuevo art. 11.4 del ET fija una serie de normas comunes del contrato formativo.

En el plazo de seis meses, se convocará a las organizaciones sindicales y empresariales al diálogo social para abordar el **Estatuto del Becario** que tendrá por objeto la formación práctica tutorizada en empresas u organismos equiparados, así como la actividad formativa desarrollada en el marco de las prácticas curriculares o extracurriculares previstas en los estudios oficiales.

Las empresas que celebren **contratos formativos con trabajadores con discapacidad** tendrán derecho a una bonificación de cuotas con cargo a los presupuestos del Servicio Público de Empleo Estatal, durante la vigencia del contrato, del cincuenta por ciento de la cuota empresarial de la Seguridad Social correspondiente a contingencias comunes, previstas para estos contratos.

|| 5. Contrato fijo discontinuo

El contrato por tiempo indefinido fijo-discontinuo **se concertará para la realización de trabajos de naturaleza estacional o vinculados a actividades productivas de temporada, o para el desarrollo de aquellos que no tengan dicha naturaleza pero que, siendo de prestación intermitente, tengan periodos de ejecución ciertos, determinados o indeterminados.**

La modificación del del art. 16 del ET concreta:

- Concepto: se afina su definición de forma que lo decisivo es el objeto o la naturaleza de los trabajos realizados, de carácter estacional o vinculados a actividades productivas de temporada, o para el desarrollo de aquellos que no tengan dicha naturaleza pero que, siendo de prestación intermitente, tengan periodos de ejecución ciertos, determinados o indeterminados.

- Llamamiento: mediante convenio colectivo o, en su defecto, acuerdo de empresa, se establecerán los criterios objetivos y formales por los que debe regirse el llamamiento de las personas fijas-discontinuas. En todo caso, el llamamiento deberá realizarse por escrito o por otro medio que permita dejar constancia de la debida notificación a la persona interesada con las indicaciones precisas de las condiciones de su incorporación y con una antelación adecuada. Las personas fijas-discontinuas podrán ejercer las acciones que procedan en caso de incumplimientos relacionados con el llamamiento, iniciándose el plazo para ello desde el momento de la falta de este o desde el momento en que la conociesen.

- Contratas mercantiles o administrativas: podrán, además, desarrollarse a través de la contratación fija-discontinua, las actividades realizadas al amparo de contratas mercantiles o administrativas.

- ETT: podrá celebrarse un contrato fijo-discontinuo entre una empresa de trabajo temporal y una persona contratada para ser cedida, en los términos previstos en el artículo 10.3 de la Ley 14/1994, de 1 de junio, por la que se regulan las empresas de trabajo temporal.

- Formalidades: se deberá formalizar necesariamente por escrito y deberá reflejar los elementos esenciales de la actividad laboral, entre otros, la duración del periodo de actividad, la jornada y su distribución horaria, si bien estos últimos podrán figurar con carácter estimado, sin perjuicio de su concreción en el momento del llamamiento.

- Representación legal de las personas trabajadoras: la empresa deberá trasladar a la representación legal de las personas trabajadoras, con la suficiente antelación, al inicio de cada año natural, un calendario con las previsiones de llamamiento anual, o, en su caso, semestral, así como los datos de las altas efectivas de las personas fijas discontinuas una vez se produzcan.

- Bolsa sectorial de empleo: los convenios colectivos de ámbito sectorial podrán establecer una bolsa sectorial de empleo en la que se podrán integrar las personas fijas-discontinuas durante los periodos de inactividad.

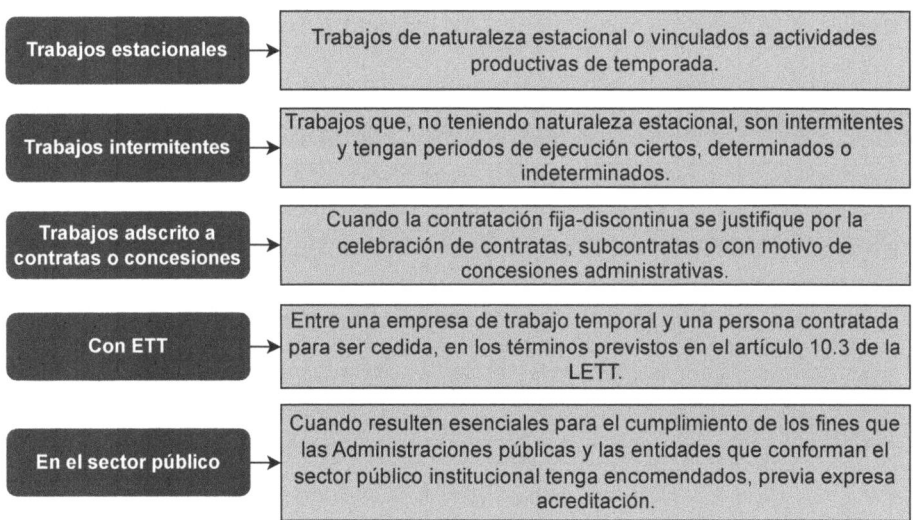

REFORMA LABORAL 2021-2022: contrato fijo discontinuo

El contrato por tiempo indefinido fijo-discontinuo se concertará para la realización de (art. 16 del ET):

Trabajos estacionales	→	Trabajos de naturaleza estacional o vinculados a actividades productivas de temporada.
Trabajos intermitentes	→	Trabajos que, no teniendo naturaleza estacional, son intermitentes y tengan periodos de ejecución ciertos, determinados o indeterminados.
Trabajos adscrito a contratas o concesiones	→	Cuando la contratación fija-discontinua se justifique por la celebración de contratas, subcontratas o con motivo de concesiones administrativas.
Con ETT	→	Entre una empresa de trabajo temporal y una persona contratada para ser cedida, en los términos previstos en el artículo 10.3 de la LETT.
En el sector público	→	Cuando resulten esenciales para el cumplimiento de los fines que las Administraciones públicas y las entidades que conforman el sector público institucional tenga encomendados, previa expresa acreditación.

|| 6. Modernización de la negociación colectiva

1. Se recupera la ultraactividad indefinida (nueva redacción del art. 86 del ET). Con la reforma laboral 2022 desaparece la regulación anterior por la que, transcurrido un año desde la denuncia del convenio sin nuevo acuerdo o laudo arbitral, este perdía su vigencia y pasaba a ser de aplicación el de ámbito superior. **Los convenios que se encontraran denunciados a 31/12/2021 mantienen su vigencia** (D.T. 7.ª del Real Decreto-ley 32/2021, de 28 de diciembre).

2. Se deroga la prevalencia salarial del convenio de empresa (nueva redacción del art. 84.2 del ET). Con efectos desde el 31/12/2021, la regulación de la cuantía del salario base y de los complementos salariales de un convenio de empresa **no tendrá prioridad aplicativa** sobre la regulación en esas materias del convenio sectorial estatal, autonómico o de ámbito inferior. Del mismo modo, los acuerdos y convenios colectivos sectoriales (art. 83.2 del ET) no podrán disponer de la prioridad aplicativa prevista. **La nueva prioridad aplicativa solo se aplicará a los convenios colectivos anteriores a 31/12/2021** (entrada en vigor de la norma) una vez que estos pierdan su vigencia expresa o, como máximo, hasta el 31/12/2022. Las modificaciones operadas en el artículo 84 del Estatuto de los Trabajadores no podrán tener como consecuencia la compensación, absorción o desaparición de cualesquiera derechos o condiciones más beneficiosas que vinieran disfrutando las personas trabajadoras. Los textos convencionales deberán adaptarse a las modificaciones operadas en el artículo 84 del Estatuto de los Trabajadores por la presente norma en el plazo de seis meses desde que estas resulten de aplicación al ámbito convencional concreto (D.T. 6.ª del Real Decreto-ley 32/2021, de 28 de diciembre).

> **A TENER EN CUENTA**. El convenio de empresa no tendrá prioridad aplicativa sobre el salario base y los complementos salariales. Las D.T. 6.ª y 7.ª del Real Decreto-ley 32/2021, de 28 de diciembre, regulan la aplicación transitoria de la modificación de los artículos 84 y 86.3 del Estatuto de los Trabajadores.

REFORMA LABORAL: negociación colectiva

El convenio de empresa prevalece sobre el sectorial salvo en la regulación del salario y de la jornada de trabajo (art. 84.2 del ET).

Se recupera la **ultraactividad** (art. 86 del ET). El convenio no decaerá hasta que se firme uno nuevo.

Aplicación del convenio del sector de la actividad realizada en las contratas y subcontratas (art. 42.6 del ET): *«El convenio colectivo de aplicación para las empresas contratistas y subcontratistas será el del sector de la actividad desarrollada en la contrata o subcontrata, con independencia de su objeto social o forma jurídica, salvo que exista otro convenio sectorial aplicable...».*

Se revierte la prevalencia del convenio de empresa en favor del sectorial.

---

7. Modernización de la contratación y subcontratación de actividades empresariales

Siempre habrá un convenio colectivo sectorial aplicable: el convenio sectorial aplicable puede ser el de la actividad desarrollada en la empresa principal u otro, si así lo determina la negociación colectiva sectorial dentro de sus normas generales.

En el caso de que realice actividades esenciales para el desarrollo de la empresa, se aplicará a las personas trabajadoras el convenio sectorial de la actividad que desarrolla la contrata o subcontrata.

Aplicación del convenio de empresa: el convenio de empresa solo podrá aplicarse por la contratista si determina mejores condiciones salariales que el sectorial que resulte de aplicación.

No podrá identificarse como causa del contrato de duración determinada la realización de los trabajos en el marco de contratas, subcontratas o concesiones administrativas que constituyan la actividad habitual u ordinaria de la empresa, sin perjuicio de su celebración cuando concurran las circunstancias de la producción en los términos fijados por el nuevo art. 15.2 del ET.

Se potencia el contrato fijo discontinuo para actividades realizadas al amparo de contratas mercantiles o administrativas.

|| 8. Endurecimiento de las sanciones

El art. 5 del Real Decreto-ley 32/2021, de 28 de diciembre modifica la Ley sobre Infracciones y Sanciones en el Orden Social, con el objetivo de adaptar la norma sancionadora a las nuevas previsiones de contratación temporal, tanto en lo que se refiere a la normativa de contratación –con la imprescindible individualización de la infracción y el incremento de la cuantía de la sanción, como a las medidas de flexibilidad interna, sus limitaciones y prohibiciones.

Las nuevas infracciones graves asociadas a incumplimientos normativos sobre contratación temporal [arts. 7.2, 7.14, 18.2.c), 19.2.b), 19.2.e), 19 bis.1.b), 19 ter.2.b) y 19 ter.2.e) de la LISOS] se sancionarán con la multa siguiente: **en su grado mínimo, de 1.000 a 2.000 euros; en su grado medio, de 2.001 a 5.000 euros y, en su grado máximo, de 5.001 a 10.000 euros.**

1.2. Creación de un régimen jurídico propio para el sector de la construcción

La reforma laboral 2021-2022, junto a las novedades tratadas, introdujo cambios significativos en la contratación en el sector de la construcción, eliminando el contrato fijo de obra y estableciendo el contrato indefinido adscrito a obra (art. 2 del Real Decreto-ley 32/2021, de 28 de diciembre, por el que se modifica la D.A. 3.ª de la Ley 32/2006, de 18 de octubre reguladora de la subcontratación en el sector de la construcción).

Como hemos visto, antes de la reforma, el contrato fijo de obra permitía la contratación de trabajadores para una obra específica, terminando cuando finalizaban los trabajos del oficio y categoría del trabajador en dicha obra. También permitía la prestación de servicios en distintos centros de trabajo de una misma provincia, manteniendo la condición de fijo de obra.

Con la reforma laboral 2021-2022, se eliminó el contrato de obra o servicio determinado y se configuró el contrato indefinido adscrito a obra. Este nuevo contrato se aplica a tareas o servicios vinculados a obras de construcción y establece un régimen específico para su extinción por motivos inherentes al trabajador, incluyendo una indemnización del 7 % calculada sobre los conceptos salariales establecidos en las tablas del convenio colectivo.

Además, la reforma establece que la finalización de la obra debe ser comunicada a la representación legal de los trabajadores y a las comisiones paritarias de los convenios correspondientes, con cinco días de antelación, y debe incluir una propuesta de recolocación.

En resumen, la reforma laboral 2021/2022 transformó el contrato fijo de obra en el contrato indefinido adscrito a obra, eliminando la contratación temporal de obra o servicio determinado y estableciendo nuevas condiciones y requisitos para la contratación en el sector de la construcción, no obstante, **existe una diferencia de trato entre los trabajadores con contrato indefinido ordinario y aquellos con contrato indefinido adscrito a obra en el sector de la construcción**. La normativa que iremos desarrollando establece para el sector de la construcción un régimen jurídico propio en materia de extinción, con requisitos, procedimientos y una indemnización diferenciados respecto de los trabajadores indefinidos ordinarios, con el objetivo de adecuar la relación laboral a la singularidad de la actividad constructiva y de las obras. En concreto:

- Este tipo de contratos pueden extinguirse por motivos inherentes a la persona trabajadora conforme a las causas tasadas (rechazo de la recolocación, falta de adecuación o exceso de cualificación, o inexistencia de obra adecuada en la provincia), procedimientos y formalidades específicas.

- Obligan a la empresa, tras la finalización de la obra, a realizar una propuesta de recolocación a la persona trabajadora, siendo eximente de esta extinción la pertenencia al personal de estructura.

- Se regula un proceso obligatorio de información y formación previo a la posible extinción y la necesidad de comunicación a la representación legal de los trabajadores.

- La indemnización prevista en caso de extinción es del 7 % de los conceptos salariales establecidos en las tablas del convenio colectivo aplicable, o la superior que resulte del Convenio General del Sector de la Construcción, cuantía y causa que difiere del régimen general previsto para la extinción de los contratos indefinidos ordinarios.

- El procedimiento contempla distintos plazos de preaviso y aceptación o rechazo de la recolocación, específicos para esta modalidad contractual.

|| 1. Regulación de los contratos fijos de obra antes del 31-12-2021

Con anterioridad a las modificaciones operadas en la materia por la reforma laboral 2021-2022, la ex D.A 3.ª del Estatuto de los Trabajadores y la redacción de la Ley de la Subcontratación en el Sector de la Construcción con anterioridad al 31/12/2021 otorgaban a la negociación colectiva de ámbito estatal la facultad de adaptar al sector de la construcción el contrato de obra o servicio determinado regulado con carácter general en el ex art. 15 del ET. De esta forma, el art. 24 del Convenio colectivo general del sector de la construcción, realizaba una adaptación específica para el sector de los ex arts. 15.1.a) y 5 y el 49.c) del ET, permitiendo la formalización de contratos fijo de obra en dos supuestos diferentes:

- Contrato de obra unido a una obra determinada. Este contrato se concertaba con carácter general para una sola obra, con independencia de su duración, y terminaba cuando finalizasen los trabajos del oficio y categoría del trabajador en dicha obra. Por ello y con independencia de su duración, no era de aplicación lo establecido en el ex párrafo primero del artículo 15.1 a) del ET, manteniendo los trabajadores la condición de «fijos de obra», tanto en estos casos como en los supuestos de sucesión empresarial del 44 del ET o de subrogación regulado en el artículo 27 del presente Convenio General.

- Contrato para la realización de servicios para una misma empresa en distintos centros de trabajo de una misma provincia. Manteniéndose el carácter de único contrato, el personal fijo de obra, sin perder dicha condición de fijo de obra, podía prestar servicios a una misma empresa en distintos centros de trabajo de una misma provincia siempre que existiese acuerdo expreso para cada uno de los distintos centros sucesivos, durante un periodo máximo de 3 años consecutivos, salvo que los trabajos de su especialidad en la última obra se prolonguen más allá de dicho término, suscribiendo a tal efecto el correspondiente documento según el modelo que regulaba el convenio de la construcción y devengando los conceptos compensatorios que correspondan por sus desplazamientos. (STS n.º 598/2016, de 5 de julio de 2016, ECLI:ES:TS:2016:3992). En este supuesto y con independencia de la duración total de la prestación, tampoco resultaba de aplicación lo establecido tanto en el ex apartado 1.a) párrafo primero del artículo 15 del ET como en el ex apartado 5, manteniendo los trabajadores, como se ha indicado, la condición de «fijos de obra».

> **A TENER EN CUENTA**. Los supuestos descritos podrían concertarse antes del 31 de diciembre de 2021.

No obstante, con la reforma laboral 2021-2022 y la modificación del art. 15 del ET con efectos de 30/03/2022 se elimina el contrato de obra o servicio y aparece nueva configuración al contrato indefinido adscrito a obra.

2. Contratos para obra y servicio determinado celebrados entre el 31-12-2021 y el 30-3-2022

Los contratos para obra y servicio determinado y los contratos eventuales por circunstancias del mercado, acumulación de tareas o exceso de pedidos, celebrados desde el 31 de diciembre de 2021 hasta el 30 de marzo de 2022, se regirán por la normativa legal o convencional vigente en la fecha en que se han concertado y su duración no puede ser superior a seis meses. (D.T. 4.ª del Real Decreto-ley 32/2021, de 28 de diciembre).

Es decir, por mandato reglamentario, **a partir del 30/03/2022 sólo fue posible suscribir nuevos contratos según la nueva normativa modificada por la reforma laboral 2021-2022.**

1.3. Estatuto de los Trabajadores (D.A. 3.ª)

La disposición adicional tercera (D.A. 3ª) del Real Decreto Legislativo 2/2015, citada en el documento, establece que lo dispuesto en los artículos

15.1.a) y 5 y 49.1.c) del Estatuto de los Trabajadores se entiende sin perjuicio de lo que se regule respecto al contrato fijo de obra, incluida la indemnización por cese, en la negociación colectiva de acuerdo con la Ley 32/2006, de 18 de octubre, reguladora de la subcontratación en el sector de la construcción.

Como hemos indicado, la reforma laboral 2021-2022 introdujo el contrato indefinido adscrito a obra en el sector de la construcción, derogando el anterior contrato fijo de obra tradicional. Sin embargo, la D.A. 3.ª mantiene la posibilidad de que la negociación colectiva del sector de la construcción regule aspectos específicos sobre esta modalidad contractual, particularmente en lo relativo a las causas y cuantía de la indemnización por cese.

De este modo, aunque el contrato indefinido adscrito a obra surge tras la reforma laboral, su régimen legal puede ser complementado o matizado por lo que se acuerde en la negociación colectiva sectorial, especialmente en lo concerniente a la extinción del contrato y las indemnizaciones aplicables, conforme a lo dispuesto en la disposición adicional tercera y la Ley 32/2006.

Por tanto, la D.A. 3ª afecta al contrato indefinido adscrito a obra permitiendo que sus condiciones específicas (incluida la indemnización por cese) puedan ser desarrolladas o moduladas por el convenio colectivo sectorial, prevaleciendo lo pactado en negociación colectiva sobre lo dispuesto de forma general en el Estatuto de los Trabajadores, siempre que exista habilitación legal expresa, como sucede en el caso del sector de la construcción.

1.4. Ley 32/2006, de 18 de octubre, reguladora de la subcontratación en el Sector de la Construcción (LSC)

D.A. 3.ª de la LSC.
«1. Sin perjuicio de lo previsto en la sección 4.ª del capítulo III del título I del Estatuto de los Trabajadores, los contratos de trabajo indefinidos adscritos a obra celebrados en el ámbito de las empresas del sector de la construcción, podrán extinguirse por motivos inherentes a la persona trabajadora conforme a lo dispuesto en la presente disposición, que resultará aplicable con independencia del número de personas trabajadoras afectadas.

Tendrán la consideración de contratos indefinidos adscritos a obra aquellos que tengan por objeto tareas o servicios cuya finalidad y resultado estén vinculados a obras de construcción, teniendo en cuenta las actividades establecidas en el ámbito funcional del Convenio General del Sector de la Construcción.

La extinción regulada en este artículo no resultará aplicable a las personas trabajadoras que formen parte del personal de estructura.

2. La finalización de la obra en la que presta servicios la persona trabajadora determinará la obligación para la empresa de efectuarle una pro-

puesta de recolocación, previo desarrollo, de ser preciso, de un proceso de formación.

Este proceso, que será siempre a cargo de la empresa, podrá realizarse directamente o a través de una entidad especializada, siendo preferente la formación que imparta la Fundación Laboral de la Construcción con cargo a las cuotas empresariales.

La negociación colectiva de ámbito estatal del sector de la construcción determinará los requisitos de acceso, duración y modalidades de formación adecuadas según las cualificaciones requeridas para cada puesto, nivel, función y grupo profesional.

El indicado proceso de formación podrá desarrollarse con antelación a la finalización de la obra.

3. A efectos de lo previsto en esta disposición, se entenderá por finalización de las obras y servicios la terminación real, verificable y efectiva de los trabajos desarrollados por esta.

Asimismo, tendrán la consideración de finalización de obra la disminución real del volumen de obra por la realización paulatina de las correspondientes unidades de ejecución debidamente acreditada, así como la paralización, definitiva o temporal, de entidad suficiente, de una obra, por causa imprevisible para la empresa y ajena a su voluntad.

La finalización de la obra deberá ser puesta en conocimiento de la representación legal de las personas trabajadoras, en su caso, así como de las comisiones paritarias de los convenios de ámbito correspondiente o, en su defecto, de los sindicatos representativos del sector, con cinco días de antelación a su efectividad y dará lugar a la propuesta de recolocación prevista en esta disposición.

4. La propuesta de recolocación prevista en esta disposición será formalizada por escrito mediante una cláusula que se anexará al contrato de trabajo.

Esta cláusula, que deberá precisar las condiciones esenciales, ubicación de la obra y fecha de incorporación a la misma, así como las acciones formativas exigibles para ocupar el nuevo puesto, será sometida a aceptación por parte de la persona trabajadora con quince días de antelación a la finalización de su trabajo en la obra en la que se encuentre prestando servicios.

5. Una vez efectuada la propuesta de recolocación, el contrato indefinido adscrito a obra podrá extinguirse por motivos inherentes a la persona trabajadora cuando se dé alguna de las siguientes circunstancias:

a) La persona trabajadora afectada rechaza la recolocación.

b) La cualificación de la persona afectada, incluso tras un proceso de formación o recualificación, no resulta adecuada a las nuevas obras que tenga la empresa en la misma provincia, o no permite su integración en estas, por existir un exceso de personas con la cualificación necesaria para desarrollar sus mismas funciones.

La negociación colectiva de ámbito estatal del sector correspondiente precisará los criterios de prioridad o permanencia que deben operar en caso de concurrir estos motivos en varias personas trabajadoras de forma simultánea en relación con la misma obra.

c) La inexistencia en la provincia en la que esté contratada la persona trabajadora de obras de la empresa acordes a su cualificación profesional, nivel, función y grupo profesional una vez analizada su cualificación o posible recualificación.

En el supuesto a) anterior, la persona trabajadora deberá notificar por escrito a la empresa la aceptación o rechazo de la propuesta en el plazo de siete días desde que tenga conocimiento de la comunicación empresarial. Transcurrido dicho plazo sin contestación se entenderá que la persona trabajadora rechaza la propuesta de recolocación.

En los supuestos recogidos en los apartados b) y c) precedentes, la empresa deberá notificar la extinción del contrato a la persona trabajadora afectada con una antelación de quince días a su efectividad.

6. La extinción del contrato indefinido por motivos inherentes a la persona trabajadora deberá ser puesta en conocimiento de la representación legal de las personas trabajadoras con una antelación de siete días a su efectividad y dará lugar a una indemnización del siete por ciento calculada sobre los conceptos salariales establecidos en las tablas del convenio colectivo que resulte de aplicación y que hayan sido devengados durante toda la vigencia del contrato, o la superior establecida por el Convenio General del Sector de la Construcción».

La D.A. 3.ª de la LSC (en su redacción aportada por el Real Decreto-ley 32/2021, de 28 de diciembre), regula las claves de esta figura que serán objeto de análisis.

- Definición: son contratos indefinidos que vinculan al trabajador a tareas o servicios relacionados con obras de construcción, conforme al ámbito funcional del Convenio General del Sector de la Construcción.

- Extinción por motivos inherentes al trabajador: estos contratos pueden extinguirse, al margen del número de trabajadores afectados, por motivos atribuibles a la persona trabajadora, según lo dispuesto en la Disposición Adicional 3ª de la ley.

- Ámbito de aplicación: no se aplica al personal de estructura de la empresa.

- Finalización de la obra: obliga a la empresa a realizar una propuesta de recolocación al trabajador, pudiendo requerirse antes la realización de un proceso formativo a cargo de la empresa.

- Formación: el proceso formativo, preferentemente impartido por la Fundación Laboral de la Construcción, es a cargo de la empresa y puede realizarse antes de finalizar la obra.

- Comunicación: la finalización de la obra debe comunicarse a la representación legal de los trabajadores y a comisiones paritarias o sindicatos representativos, con cinco días de antelación.

- Propuesta de recolocación: debe formalizarse por escrito, anexarse al contrato y precisar condiciones esenciales, ubicación, fecha de incorporación y acciones formativas necesarias. Debe ser aceptada o rechazada por el trabajador con al menos quince días de antelación.

- Causas de extinción tras la propuesta de recolocación:
  - » Rechazo de la recolocación por parte del trabajador.
  - » Cualificación no adecuada del trabajador, aun tras formación, o exceso de trabajadores con dicha cualificación.
  - » Ausencia de obras acordes a la cualificación profesional del trabajador en la provincia.
- Indemnización: la extinción por motivos inherentes al trabajador da lugar a una indemnización del 7 % de los conceptos salariales del convenio aplicable generados durante el contrato, o la superior que marque el Convenio General del Sector de la Construcción.
- Notificaciones:
  - » El rechazo o aceptación de la propuesta de recolocación debe comunicarse en siete días; el silencio se entiende como rechazo.
  - » La extinción debe notificarse al trabajador con quince días de antelación (en supuestos de cualificación inadecuada o inexistencia de obras afines).
  - » La extinción debe comunicarse a la representación legal de los trabajadores con siete días de antelación.

1.5. La regulación convencional del contrato indefinido adscrito a obra: VII Convenio Colectivo del Sector de la Construcción (CCGSC)

La reforma laboral 2021-2022 remite a la negociación estatal la regulación de la posibilidad de extinción del contrato indefinido adscrito a obra por causas inherentes a la persona trabajadora, así como los aspectos relativos a la formación del personal y a los criterios de prioridad o permanencia en la empresa.

La Resolución de 3 de mayo de 2022, de la Dirección General de Trabajo, modificó el VI Convenio Colectivo General del Sector de la Construcción (vigente en ese momento), incorporando un nuevo artículo 24 bis que regula específicamente el «Contrato indefinido adscrito a obra». Actualmente, el contrato indefinido adscrito a obra se regula por el **artículo 25 del VII Convenio Colectivo General del Sector de la Construcción (CCGSC)** que sirve de base para las especificaciones en la materia de los distintos convenios colectivos sectoriales.

Art. 25 del VII CCSC. Contrato indefinido adscrito a obra.

«1. El artículo dos del Real Decreto-ley 32/2021, de 28 de diciembre, de medidas urgentes para la reforma laboral, la garantía de la estabilidad en el empleo y la transformación del mercado de trabajo modifica la disposición adicional tercera de la Ley 32/2006, de 18 de octubre reguladora de la subcontratación en el Sector de la Construcción regula la posibilidad de la extinción del contrato indefinido adscrito a obra por motivos inherentes a la persona trabajadora en el sector de la construcción.

De acuerdo con la citada disposición adicional tercera, sin perjuicio de lo previsto en la sección 4.ª del capítulo III del título I del E.T., los contratos de trabajo indefinidos adscritos a obra celebrados en el ámbito de las empresas del sector de la construcción, podrán extinguirse por motivos inherentes a la persona trabajadora conforme a lo dispuesto en el presente artículo, que resultará aplicable con independencia del número de personas trabajadoras afectadas.

Tendrán la consideración de contratos indefinidos adscritos a obra aquellos que tengan por objeto tareas o servicios cuya finalidad y resultado estén vinculados a obras de construcción, teniendo en cuenta las actividades establecidas en el ámbito funcional del presente Convenio.

No es de aplicación la extinción por causas inherentes aquí regulada respecto de las personas trabajadoras que forman parte del personal de estructura. Del mismo modo no será de aplicación para todas aquellas personas trabajadoras con contratos indefinidos suscritos con la empresa con anterioridad al 31 de diciembre de 2021. En estos supuestos la finalización de la relación laboral se regirá por las condiciones generales previstas en el E.T.

2. La finalización de la obra en la que presta servicios la persona trabajadora determinará la obligación para la empresa de efectuarle una propuesta de recolocación, previo desarrollo, de ser preciso, de un proceso de formación.

Este proceso será siempre a cargo de la empresa y podrá realizarse directamente o a través de una entidad especializada, siendo preferente la formación que imparta la Fundación Laboral de la Construcción con cargo a las cuotas empresariales. Dicha formación se impartirá dentro de la jornada ordinaria de las personas trabajadoras siempre que las circunstancias organizativas de la empresa lo permitan. Cuando las circunstancias organizativas de la empresa no lo permitan se efectuará fuera de la jornada ordinaria pero el tiempo empleado en las horas efectivas de formación del curso tendrá la consideración de tiempo de trabajo ordinario siendo retribuido a valor de hora ordinaria de la tabla del convenio aplicable o compensado en tiempo de descanso equivalente, no teniendo en ningún caso la consideración de horas extraordinarias.

En el caso de que la recolocación lo requiera, el proceso de formación tendrá una duración de un máximo de 20 horas, según lo previsto en los apartados 1 y 2 del Anexo XII del presente Convenio, y dicho proceso se adecuará al puesto, nivel, función y grupo profesional que corresponda a la persona trabajadora, constituyendo requisito básico de acceso a dicha formación que ésta resulte necesaria en función, tanto de la propuesta formulada como del hecho de que no concurran cualquiera de los motivos de extinción establecidos en el apartado 5 de la disposición adicional tercera de la Ley 32/2006, de 18 de octubre, reguladora de la subcontratación en el Sector de la Construcción.

El indicado proceso de formación podrá desarrollarse con antelación a la finalización de la obra.

3. A efectos de lo previsto en este artículo se entenderá por finalización de las obras y servicios la terminación real, verificable y efectiva de los trabajos desarrollados por la persona trabajadora.

Asimismo, tendrán la consideración de finalización de obra la disminución real del volumen de obra por la realización paulatina de las correspondientes unidades de ejecución debidamente acreditada, así como la paralización, definitiva o temporal, de entidad suficiente, de una obra, por causa imprevisible para la empresa y ajena a su voluntad.

La finalización de la obra deberá ser puesta en conocimiento de la representación legal de las personas trabajadoras, en su caso, así como de las comisiones paritarias de los convenios de ámbito correspondiente o, en su defecto, de los sindicatos representativos del sector, con cinco días de antelación a su efectividad y dará lugar a la propuesta de recolocación prevista en este artículo.

4. La propuesta de recolocación prevista en este artículo será formalizada por escrito mediante una cláusula que se anexará al contrato de trabajo.

Esta cláusula, que deberá precisar las condiciones esenciales, ubicación de la obra y fecha de incorporación a la misma, así como las acciones formativas exigibles para ocupar el nuevo puesto, será sometida a aceptación por parte de la persona trabajadora con quince días de antelación a la finalización de su trabajo en la obra en la que se encuentre prestando servicios.

5. Una vez efectuada la propuesta de recolocación, el contrato indefinido adscrito a obra podrá extinguirse por motivos inherentes a la persona trabajadora cuando se dé alguna de las siguientes circunstancias:

a) La persona trabajadora afectada rechaza la recolocación.

b) La cualificación de la persona afectada, incluso tras un proceso de formación o recualificación, no resulta adecuada a las nuevas obras que tenga la empresa en la misma provincia, o no permite su integración en éstas, por existir un exceso de personas con la cualificación necesaria para desarrollar sus mismas funciones.

Los criterios de prioridad o permanencia que deben operar en caso de existir un exceso de personas con la cualificación necesaria para desarrollar las mismas funciones dentro del mismo área funcional, nivel, función, grupo profesional y características de este (criterios generales, formación y tareas) según lo contenido en el Anexo X y XI del presente convenio general, seguirán el siguiente orden:

A) Persona trabajadora con más tiempo de servicio y experiencia en la empresa para el mismo puesto a ocupar en la nueva obra.

B) Persona trabajadora con más tiempo de antigüedad en la empresa.

c) La inexistencia en la provincia en la que esté contratada la persona trabajadora de obras de la empresa acordes a su cualificación profesional, nivel, función y grupo profesional una vez analizada su cualificación o posible recualificación.

En el supuesto a) anterior, la persona trabajadora deberá notificar por escrito a la empresa la aceptación o rechazo de la propuesta en el plazo de siete días desde que tenga conocimiento de la comunicación empresarial. Transcurrido dicho plazo sin contestación se entenderá que la persona trabajadora rechaza la propuesta de recolocación.

En los supuestos recogidos en los apartados b) y c) precedentes, la empresa deberá notificar la extinción del contrato a la persona trabajadora afectada con una antelación de quince días a su efectividad. No obstante, la empresa podrá sustituir este preaviso por un importe equivalente a los días de preaviso omitidos calculado sobre los conceptos salariales de las tablas del convenio colectivo que resulte de aplicación, todo ello sin perjuicio de la notificación escrita del cese. El citado importe deberá incluirse en el recibo de salario con la liquidación correspondiente al cese.

La extinción del contrato indefinido por motivos inherentes a la persona trabajadora deberá ser puesta en conocimiento de la representación legal de las personas trabajadoras con una antelación de siete días a su efectividad y dará lugar a una indemnización del 7 por ciento calculada sobre los conceptos salariales establecidos en las tablas del convenio colectivo que resulte de aplicación y que hayan sido devengados durante toda la vigencia del contrato».

El VII Convenio Colectivo General del Sector de la Construcción, en relación con la D.A. 3.ª de la Ley 32/2006, de 18 de octubre, reguladora de la subcontratación en el sector de la construcción, introduce una regulación complementaria y detallada respecto a la extinción de los contratos indefinidos adscritos a obra por motivos inherentes a la persona trabajadora, prevista precisamente en la citada disposición adicional tercera.

Específicamente, el artículo 25 del CCGSC desarrolla y complementa dicha disposición en los siguientes aspectos fundamentales:

- Obligación de propuesta de recolocación: ante la finalización de la obra, la empresa está obligada a realizar una propuesta de recolocación al trabajador, que podrá ir precedida de un proceso de formación adecuado al nuevo puesto. Este proceso de formación se concreta y regula en sus condiciones y máximo de horas, evidenciando así un desarrollo reglamentario complementario a la propia Ley 32/2006.

- Criterios y procedimiento de recolocación: el convenio define los criterios para la recolocación, la información y preaviso, y cómo debe realizarse la comunicación, además de precisar los derechos del trabajador en caso de extinción: preaviso, indemnización y documentación asociada.

- Causas de extinción por motivos inherentes: explicita y desarrolla circunstancias como la negativa del trabajador a la recolocación, la falta de cualificación suficiente (incluso tras la formación), el exceso de personal cualificado para las vacantes existentes en la provincia, y la inexistencia de obras adecuadas a su perfil profesional en la provincia.

- Derecho a indemnización: el convenio concreta el cálculo de la indemnización (7 % sobre los conceptos salariales establecidos en las tablas del convenio colectivo aplicable) cuando tenga lugar la extinción del contrato indefinido adscrito a obra.

- Modelo de cláusula anexa: el Anexo XVI del convenio desarrolla un modelo de cláusula para la propuesta de recolocación conforme a la D.A. 3.ª de la LSC, detallando contenidos, lugares, fechas y opciones formativas.

En resumen, el convenio colectivo complementa y desarrolla la regulación contenida en la disposición adicional tercera de la Ley 32/2006, estableciendo una regulación sectorial detallada sobre la extinción por motivos inherentes de los contratos indefinidos adscritos a obra, ampliando las garantías para la persona trabajadora tanto en materia procedimental (información, preaviso, formación) como económica (indemnización y procedimiento de extinción).

2.
DEFINICIÓN Y ÁMBITO DE APLICACIÓN

Tendrán la consideración de contratos indefinidos adscritos a obra aquellos que tengan por objeto tareas o servicios cuya finalidad y resultado estén vinculados a obras de construcción, teniendo en cuenta las actividades establecidas en el ámbito funcional del Convenio General del Sector de la Construcción.

‖ 1. ¿Qué es un contrato indefinido adscrito a obra?

El contrato indefinido adscrito a obra en el sector de la construcción se define como aquel que tiene por objeto tareas o servicios cuya finalidad y resultado están vinculados a obras de construcción, teniendo en cuenta las actividades establecidas en el ámbito funcional del Convenio General del Sector de la Construcción.

La definición y régimen jurídico del contrato indefinido adscrito a obra deriva, por tanto, del artículo 25 del Convenio Colectivo General del Sector de la Construcción en desarrollo de la D.A 3.ª del Estatuto de los Trabajadores y de la Ley de subcontratación.

Este contrato tiene naturaleza indefinida, pero adscrita específicamente a la realización de una obra concreta. No se trata, por tanto, de un contrato temporal clásico, aunque sí está sometido a la finalización de obras concretas, permitiendo en esos supuestos la extinción contractual bajo los parámetros previstos convencionalmente. (STSJ de Canarias n.º 19/2025, de 17 de enero de 2025, ECLI:ES:TSJICAN:2025:665).

‖ 2. ¿A quién se aplica esta modalidad? ¿Tiene aplicación en otros ‖ sectores?

En cuanto a su ámbito de aplicación, siempre teniendo presente cualquier especificación de los distintos convenios colectivos de la construcción, el contrato indefinido adscrito a obra **se aplica a las personas trabajadoras contratadas para realizar tareas o servicios cuya finalidad y resultado estén vinculados a obras de construcción, teniendo en cuenta las actividades establecidas en el ámbito funcional del convenio.** Específicamente:

- Quedan comprendidos: aquellos trabajadores cuyas funciones y servicios estén directamente relacionados con obras de construcción y quedan vinculados a la finalización de estas. El contrato tiene por objeto «tareas o servicios cuya finalidad y resultado estén vinculados a obras de construcción».

- Quedan excluidos:

  » El **personal de estructura** de las empresas no está comprendido en esta modalidad y, por tanto, no se les aplica la extinción por causas inherentes a la persona trabajadora aquí regulada.

  » Tampoco se aplica a quienes tengan **contratos indefinidos suscritos con la empresa antes del 31 de diciembre de 2021.** En estos casos, la finalización de la relación laboral se regirá por las condiciones generales previstas en el Estatuto de los Trabajadores.

Por tanto, este contrato se aplica a las personas trabajadoras contratadas con posterioridad al 31 de diciembre de 2021, cuyas funciones se vinculen a obras de construcción, excluyendo al personal de estructura y a los que ya fueran indefinidos antes de esa fecha.

RESOLUCIÓN RELEVANTE

STSJ de Madrid n.º 142/2025, de 19 de febrero del 2025, ECLI:ES:TSJM:2025:3832

La administración pública sólo puede utilizar válidamente el contrato indefinido adscrito a obra para actividades definidas dentro del estricto ámbito funcional de la construcción regulado normativamente, resultando fraudulento y nulo su uso para tareas ordinarias y estructurales ajenas a dicho sector.

CUESTIONES

1. ¿Qué se entiende por personal de estructura?

Con carácter general los convenios colectivos de la construcción no definirán de forma específica la consideración de personal de estructura. Sin embargo, conforme a la práctica jurídica habitual en el sector, debe entenderse por personal de estructura a aquellos trabajadores cuya prestación de servicios no está directamente vinculada a la ejecución material de obras concretas, sino que desempeñan funciones generales, administrativas, técnicas, de dirección, gestión o soporte en la empresa, independientemente de la concreta existencia de trabajos en una obra determinada.

Por tanto, el personal de estructura incluye, en términos generales, a quienes trabajan en oficinas centrales, departamentos de administración, oficinas técnicas, recursos humanos, dirección, gestión, soporte comercial, financiero u otros servicios generales de la empresa, y cuya relación laboral no depende de la duración o finalización de una obra concreta.

2. ¿Qué actividades debemos entender establecidas en el ámbito funcional del convenio?

Las actividades de referencia para poder formalizar un contrato indefinido adscrito a obra son las recogidas en dicho Anexo I del VII CCGSC. Con carácter general los distintos convenios provinciales remiten expresamente a él como ámbito funcional.

A pesar de que la relación detallada que aparece en el texto del Anexo I es de carácter enunciativo estas actividades aparecen específicamente enumeradas en el Anexo I del convenio, y constituyen el ámbito funcional para el que es legalmente viable la contratación bajo la modalidad de contrato indefinido adscrito a obra, según lo dispuesto en el artículo 25 del CGSC («*Tendrán la consideración de contratos indefinidos adscritos a obra aquellos que tengan por objeto tareas o servicios cuya finalidad y resultado estén vinculados a obras de construcción, teniendo en cuenta las actividades establecidas en el ámbito funcional del presente Convenio*»):

- **Construcción y Obras Públicas**, incluyendo:
  » Albañilería.
  » Hormigón.
  » Pintura para decoración y empapelado.
  » Carpintería de armar.
  » Embaldosado y solado.
  » Empedrado y adoquinado.
  » Escultura, decoración y escayola.
  » Estucado y revocado.
  » Piedra y mármol (incluye fábricas y talleres de sierra y labra).
  » Portlandistas de obra.
  » Pocería.
  » Canteras, graveras, areneras y explotación/manufactura de tierras industriales.
  » Trabajos realizados en puertos, muelles y espigones.
  » Fabricación de elementos auxiliares y materiales de construcción para uso propio o preferente.
  » Regeneración de playas.
  » Movimiento de tierras.
  » Carpintería utilizada por empresas de construcción.
  » Colocación de artículos de piedra artificial.
  » Colocación de aislantes en obras (como actividad principal).
  » Abastecimiento y saneamiento de aguas; apertura/cierre de zanjas para dicha actividad y otros suministros.
  » Confección de cañizos y cielos rasos.
  » Empresas inmobiliarias, incluidas cooperativas de viviendas.
  » Empresas de planeamiento y construcción de obras públicas/privadas.
  » Promoción/ejecución de urbanizaciones.
  » Promoción de edificación de inmuebles de cualquier género.
  » Empresas de cimentaciones y sondeos para construcción.
  » Empresas que alquilan maquinaria y equipo con personal de manejo.
  » Empresas de rehabilitación, mantenimiento, demolición y derribos.
  » Talleres de fabricación de ferralla para construcción.
  » Trabajos verticales (construcción, rehabilitación, reparación, pintura, etc.).
  » Gestión de residuos en obra.
  » Empresas de control de calidad para construcción y obras públicas.
  » Trabajos de montaje refractario y de pavimento.

- Conservación y mantenimiento de autopistas, autovías, carreteras y vías férreas.

- Canteras, areneras, graveras y explotación de tierras industriales (excluyendo aquellas reguladas específicamente por otras reglamentaciones mineras).

- Embarcaciones, artefactos flotantes y ferrocarriles auxiliares de obras y puertos empleados en la construcción/ reparación de puertos.

- Comercio de construcción mayoritario y exclusivista (artículos elaborados para empresas del sector o uso principal de las mismas, siempre que sean mayoristas y exclusivistas).

- Empresas de fabricación y ensamblaje de conjuntos, sistemas y elementos constructivos industrializados realizados fuera de obra para su instalación posterior o fabricados dentro del propio recinto de obra.

3. ¿Qué sucede si se utiliza la modalidad de contrato indefinido adscrito a obra en una actividad en la que no procede?

El contrato sería considerado fraudulento. Esto implica que la relación laboral se considerará indefinida y a jornada completa. (STSJ de Navarra n.º 142/2025, de 19 de febrero de 2025, ECLI:ES:TSJM:2025:3832).

4. Si una empresa se dedica a la actividad de fontanería sujeta al convenio de la industria del metal, pero sus trabajadores prestan servicios en obras de construcción, ¿se les puede realizar el contrato fijo adscrito a obra?

No. Las empresas de fontanería incluidas en el Convenio del Metal no pueden aplicar el modelo de contrato indefinido adscrito a obra regulado en el Convenio de la Construcción. Este tipo contractual es exclusivo para las empresas sometidas a dicho convenio sectorial.

3.
FORMALIZACIÓN Y PERIODO DE PRUEBA

No existe un modelo oficial específico para formalizar un contrato de trabajo indefinido adscrito a obra. Siendo necesario configurar esta situación en las cláusulas del contrato indefinido ordinario.

No se exige periodo de prueba a quienes tengan la Tarjeta Profesional de la Construcción y acrediten haber superado dicho periodo por el mismo trabajo en una empresa anterior.

3.1. Formalización del contrato indefinido adscrito a obra

No existe un modelo oficial específico para formalizar un contrato de trabajo indefinido adscrito a obra. Siendo necesario configurar esta situación en las cláusulas del contrato indefinido ordinario. Esta falta de modelo oficial, aunque llamativa, ha sido suplida por los convenios colectivos de la construcción donde encontramos exigencias de formalización como:

- Forma escrita obligatoria: el contrato debe formalizarse necesariamente por escrito, especificando de manera clara que se trata de un contrato indefinido adscrito a obra y sus justificaciones legales.

- Objeto del contrato: debe identificarse correctamente la obra concreta (o las distintas obras) a la que queda afectada la prestación laboral de la persona trabajadora.

- Integración de la cláusula de recolocación: en el momento de la finalización de la obra, la empresa tiene la obligación de formular por escrito una propuesta de recolocación al trabajador, la cual se debe anexar al contrato según modelo incluido en los propios convenios. En dicha cláusula deben constar las condiciones esenciales del nuevo puesto, la ubicación de la obra, la fecha de incorporación y las acciones formativas (si procede) para ocupar el nuevo puesto.

- Notificaciones y plazos: la propuesta de recolocación debe realizarse con una antelación mínima de 15 días respecto al fin de la obra en la que presta servicios el trabajador. El trabajador dispondrá de 7 días para aceptar o rechazar la propuesta una vez comunicada.

- Comunicación a los servicios públicos de empleo: al igual que el resto de los contratos laborales, debe comunicarse a los servicios públicos de empleo en los plazos y forma que establece la normativa vigente.

- Contenido mínimo recomendado: es conveniente que consten expresamente en el contrato: la identificación de las partes, la causa y justificación de la modalidad, obra concreta, centro de trabajo, salario, jornada, duración estimada de la obra, y remisión a la normativa aplicable (Convenio, Ley 32/2006, RD-ley 32/2021, Estatuto de los Trabajadores).

> **A TENER EN CUENTA**. Para la redacción de la cláusula de recolocación y preaviso de extinción se recomienda usar el modelo recogido en los anexos del convenio colectivo aplicable o, en su defecto, del CCGSC vigente.

3.2. Periodo de prueba del contrato indefinido adscrito a obra

El artículo 14 del ET establece: *«Podrá concertarse por escrito un periodo de prueba, con sujeción a los límites de duración que, en su caso, se establezcan en los convenios colectivos».* El periodo de prueba tiene una doble finalidad, por un lado, como garantía del trabajador, que podrá conocer las condiciones laborales en las que se va a desarrollar su actividad profesional, y, por otro lado, como garantía del empresario, que podrá comprobar si el trabajador está realmente capacitado para desempeñar el trabajo para el que ha sido contratado.

No obstante, lo que puede causar controversia en el caso analizado, **no se podrá establecer un periodo de prueba cuando el trabajador haya ya desempeñado las mismas funciones con anterioridad en la empresa, bajo cualquier modalidad de contratación**. En este caso el sector de la construcción ha eliminado cualquier duda mediante la aplicación de la Tarjeta Profesional de la Construcción.

La **Tarjeta Profesional de la Construcción (TPC)** es un documento regulado en el artículo 154 y siguientes del VII CCGSC que acredita, entre otros datos, la formación específica del sector recibida por una persona en materia de prevención de riesgos laborales, así como su categoría profesional y los periodos de ocupación en las distintas empresas en que vaya ejerciendo su actividad.

Se trata de una herramienta sectorial diseñada para mejorar la cualificación, empleabilidad y seguridad dentro del sector de la construcción, ofreciendo una acreditación oficial y un soporte a la trayectoria profesional y formativa del trabajador/a en aspectos como:

- Acreditar que su titular ha recibido, al menos, la formación inicial en prevención de riesgos laborales, según el convenio y la ley sectorial.
- Acreditar la categoría profesional del titular y su experiencia en el sector de la construcción.
- Acreditar que el titular ha sido sometido a los reconocimientos médicos conforme a lo previsto en el convenio.
- Acreditar la formación general y específica recibida por el titular.
- Facilitar el acceso a los servicios de la Fundación Laboral de la Construcción.
- A medida que entren en vigor, podrá incluir funciones como acceso a información sobre las cotizaciones a la Seguridad Social, aportaciones al Plan de Pensiones sectorial, y la gestión de la pertenencia a la bolsa de empleo de los fijos-discontinuos.

Los titulares de la Tarjeta Profesional de la Construcción expedida por la Fundación Laboral de la Construcción con contrato de fijo de obra u otra modalidad de contrato temporal, **estarán exentos del período de prueba para los trabajos de su categoría profesional, siempre que conste en su Tarjeta Profesional haber acreditado su cumplimiento en cualquier empresa anterior.**

A TENER EN CUENTA. Con carácter general las exigencias y límites específicos aplicables al periodo de prueba se establecen por convenio colectivo.

4.
DURACIÓN Y VINCULACIÓN A LA EJECUCIÓN DE UNA OBRA CONCRETA

El contrato indefinido adscrito a obra en el sector de la construcción tiene una **duración indefinida, pero está vinculado a la ejecución de una obra concreta**. Según la disposición adicional tercera de la Ley 32/2006, de 18 de octubre, reguladora de la subcontratación en el sector de la construcción, este tipo de contrato **se extingue cuando finaliza la obra a la que está adscrito.** Como analizaremos en el siguiente apartado, la finalización de la obra puede ser por la terminación real, verificable y efectiva de los trabajos, la disminución real del volumen de obra, o la paralización definitiva o temporal de la obra por causas imprevisibles y ajenas a la voluntad de la empresa.

Además, la empresa tiene la obligación de efectuar una propuesta de recolocación al trabajador, previo desarrollo de un proceso de formación si es necesario. Esta propuesta debe ser formalizada por escrito y precisa las condiciones esenciales, ubicación de la nueva obra y fecha de incorporación, así como las acciones formativas exigibles para ocupar el nuevo puesto. El trabajador debe aceptar o rechazar la propuesta en un plazo de siete días desde que tenga conocimiento de esta.

CUESTIONES

1. Una persona trabajadora con contrato indefinido adscrito a obra, ¿puede ser despedido antes de que finalice la obra?

Sí, una persona trabajadora con contrato indefinido adscrito a obra puede ser despedida antes de que finalice la obra, pero la causa y el procedimiento deberán ajustarse a la normativa laboral general aplicable en cada caso y no al régimen específico de extinción por motivos inherentes vinculado a la finalización de la obra.

Por tanto, aunque el contrato indefinido adscrito a obra está configurado para vincular la relación laboral a la duración de la obra concreta, ello no impide que la persona trabajadora pueda ser despedida con carácter previo a la finalización de la obra por las causas generales que prevé la legislación laboral (por ejemplo, despido disciplinario u objetivo), aplicándose en tal caso el régimen, procedimientos y consecuencias que dispone el Estatuto de los Trabajadores, y no el régimen específico de extinción por motivos inherentes a la persona trabajadora previsto para la finalización de obra.

2. ¿Cuál es la diferencia entre el contrato indefinido adscrito a obra en la construcción y el extinto contrato por obra anterior a la reforma laboral 2021-2022?

– Contrato por obra o servicio (anterior a la reforma laboral 2021-2022):

» Temporalidad: Este contrato era de naturaleza temporal y su duración estaba limitada al tiempo que durara una tarea concreta o una obra específica.

» Finalización: Al concluir la obra o servicio, el contrato se extinguía sin necesidad de ofrecer una recolocación al trabajador.

» Indemnización: La indemnización por finalización del contrato era de 12 días por año trabajado.

– **Contrato indefinido adscrito a obra (tras la reforma laboral 2021-202):**

» Indefinido: Este contrato, aunque vinculado a una obra específica, se considera indefinido, proporcionando mayor estabilidad laboral al trabajador.

» Finalización de la obra: Al finalizar la obra, la empresa tiene la obligación de ofrecer una propuesta de recolocación al trabajador, que puede incluir un proceso de formación a cargo de la empresa para adaptarse a nuevas obras.

» Extinción del contrato: Si no es posible la recolocación o el trabajador rechaza la propuesta, el contrato puede extinguirse por motivos inherentes al trabajador, con una indemnización del 7 % calculada sobre los conceptos salariales establecidos en el convenio colectivo aplicable.

» Seguridad en el empleo: Este modelo implica más derechos para el trabajador, como mayor seguridad en su empleo y condiciones más claras para su finalización y recolocación.

5.
FINALIZACIÓN DE LA OBRA EN EL SECTOR DE LA CONSTRUCCIÓN

Con la finalización de la obra, la relación laboral no se extingue automáticamente. La empresa está obligada a ofrecer recolocación en otra obra o centro de trabajo en la provincia y solo podrá extinguir el contrato por causas previstas y debidamente motivadas si la recolocación no fuese posible, siguiendo el procedimiento y abono de indemnizaciones previsto en el convenio de la construcción.

OBLIGACIONES Y PROCEDIMEINTOS ANTE LA FINALICIÓN DE UNA OBRA
(art. 25 del CGSC y Ley 32/2006)

1. Propuesta obligatoria de recolocación	La empresa debe efectuar a la persona trabajadora una propuesta de recolocación para su incorporación a otra obra o centro de trabajo en la misma provincia, pudiendo requerirse previamente un proceso de formación (máximo 20 horas, con condiciones especificadas en el Convenio). La formación será a cargo de la empresa, podrá realizarse en jornada ordinaria, y es preferente que la imparta la Fundación Laboral de la Construcción.
2. Procedimiento formal	- La propuesta de recolocación debe constar por escrito, como anexo al contrato, identificando condiciones esenciales, ubicación y fecha de incorporación, y acciones formativas necesarias. - Debe notificarse a la persona trabajadora con al menos 15 días de antelación a la finalización de su trabajo en la obra. - La representación legal de los trabajadores debe ser informada con siete días de antelación a la extinción del contrato.
3. Supuestos de extinción del contrato	- Solo es posible extinguir el contrato tras la finalización de la obra y tras cumplir el procedimiento anterior por motivos inherentes a la persona trabajadora, en los siguientes supuestos: • Rechazo por la persona trabajadora de la propuesta de recolocación (debe notificarlo por escrito en siete días; silencio es rechazo). • La cualificación del trabajador no resulta adecuada, incluso tras formación, para las obras disponibles en la provincia; o existe exceso de personal cualificado (siguiendo criterios de prioridad). • Inexistencia de obras acordes a su cualificación profesional en la provincia.
4. Indemnización y preaviso	- En los casos de extinción por motivos inherentes, la empresa debe abonar una indemnización del 7% calculada sobre los conceptos salariales de las tablas del convenio aplicable que hayan sido devengados durante toda la vigencia del contrato. - Debe existir un preaviso de 15 días a la persona trabajadora de la extinción, pudiendo ser sustituido por una compensación económica equivalente si dicho plazo no se respeta (además de la notificación).
5. Excepción	- No se aplica esta regulación de extinción: • Al personal de estructura de la empresa. • A trabajadores/as con contratos indefinidos firmados con anterioridad al 31 de diciembre de 2021 (en estos casos la finalización de la relación laboral se rige por la normativa general del Estatuto de los Trabajadores).

Analizamos los distintos aspectos a tener en cuenta:

5.1. La finalización de la obra en Ley reguladora de la subcontratación en el Sector de la Construcción a efectos del contrato indefinido adscrito a obra

La D.A. 3.ª de la Ley 32/2006, dispone, en lo que aquí interesa, en su apartado 1 que:

> «2. La finalización de la obra en la que presta servicios la persona trabajadora determinará la obligación para la empresa de efectuarle una **propuesta de recolocación**, previo desarrollo, de ser preciso, de un **proceso de formación.**
>
> Este proceso, que será siempre **a cargo de la empresa**, podrá realizarse directamente o a través de una entidad especializada, siendo preferente la formación que imparta la Fundación Laboral de la Construcción con cargo a las cuotas empresariales.
>
> La negociación colectiva de ámbito estatal del sector de la construcción determinará los **requisitos de acceso, duración y modalidades de formación** adecuadas según las cualificaciones requeridas para cada puesto, nivel, función y grupo profesional.
>
> El indicado proceso de formación podrá desarrollarse con **antelación a la finalización de la obra**».

Y, en los apartados 5 y 6, dispone:

> «5. Una vez efectuada la propuesta de recolocación, el contrato indefinido adscrito a obra podrá extinguirse por **motivos inherentes a la persona trabajadora** cuando se dé alguna de las siguientes circunstancias:
>
> a) La persona trabajadora afectada **rechaza la recolocación.**
>
> b) **La cualificación de la persona afectada, incluso tras un proceso de formación o recualificación, no resulta adecuada** a las nuevas obras que tenga la empresa en la misma provincia, o no permite su integración en estas, por existir un exceso de personas con la cualificación necesaria para desarrollar sus mismas funciones.
>
> La negociación colectiva de ámbito estatal del sector correspondiente precisará los **criterios de prioridad o permanencia** que deben operar en caso de concurrir estos motivos en varias personas trabajadoras de forma simultánea en relación con la misma obra.
>
> c) La **inexistencia en la provincia en la que esté contratada la persona trabajadora de obras de la empresa acordes a su cualificación profesional, nivel, función y grupo profesional** una vez analizada su cualificación o posible recualificación.

En el supuesto a) anterior, la persona trabajadora deberá notificar por escrito a la empresa la aceptación o rechazo de la propuesta en el plazo de **siete días** desde que tenga conocimiento de la comunicación empresarial. Transcurrido dicho plazo sin contestación se entenderá que la persona trabajadora rechaza la propuesta de recolocación.

En los supuestos recogidos en los apartados b) y c) precedentes, la empresa deberá notificar la extinción del contrato a la persona trabajadora afectada con una **antelación de quince días a su efectividad.**

6. La extinción del contrato indefinido por motivos inherentes a la persona trabajadora deberá ser puesta en **conocimiento de la representación legal de las personas trabajadoras con una antelación de siete días a su efectividad y dará lugar a una indemnización del siete por ciento calculada sobre los conceptos salariales** establecidos en las tablas del convenio colectivo que resulte de aplicación y que hayan sido devengados durante toda la vigencia del contrato, o la superior establecida por el Convenio General del Sector de la Construcción».

CUESTIÓN

¿Qué condiciones se evaluarán para determinar la validez de la extinción del contrato indefinido adscrito a obra por motivos inherentes a la persona trabajadora en el sector de la construcción?

Se evalúa si la empresa cumplió con la obligación de proponer una recolocación adecuada al trabajador antes de proceder a la extinción del contrato, así como la correcta notificación de la extinción del contrato a los representantes legales de los trabajadores con la antelación requerida. Además, se revisará si la empresa justificó adecuadamente la inexistencia de obras acordes con la cualificación del trabajador en la provincia de contratación, lo cual es un requisito para la extinción del contrato indefinido adscrito a obra por motivos inherentes al trabajador. También se analizará si se respetaron los derechos del trabajador en cuanto a la indemnización correspondiente y el procedimiento de liquidación y finiquito. (STSJ de Navarra n.º 110/2025, de 6 de marzo de 2025, ECLI:ES:TSJNA:2025:142).

5.2. Circunstancias que suponen la extinción de la obra

Se entenderá por finalización de las obras y servicios ante:

- La terminación real, verificable y efectiva de los trabajos desarrollados por esta.
- La disminución real del volumen de obra por la realización paulatina de las correspondientes unidades de ejecución debidamente acreditada.
- La paralización, definitiva o temporal, de entidad suficiente de una obra por causa imprevisible para la empresa y ajena a su voluntad.

En paralelo, el CGSC recoge esta definición y exige que la finalización de la obra o servicio sea auténtica, constatada y justificada, no basta una declaración unilateral de la empresa, sino que debe acreditarse que la relación laboral finaliza realmente porque los trabajos encargados al trabajador han concluido de manera efectiva y comprobable en la obra correspondiente.

Tanto la LSC como el CGSC exigen justificación documentada, por lo que la empresa debe poder demostrar con medios objetivos (planificación, certificaciones de obra, comparación de necesidades de recurso humano antes y después de determinadas fases, etc.) que esa disminución es real y, por tanto, legítima causa para la extinción de los contratos indefinidos adscritos a obra de aquellos trabajadores cuya presencia ya no resulta necesaria. Un ejemplo típico sería cuando, una vez finalizadas partes relevantes del proyecto (estructuras, instalaciones, acabados, etc.), solo quedan únicamente trabajos menores. En estos supuestos puede resultar objetivamente innecesario mantener toda la mano de obra que se precisaba en fases anteriores.

En los supuestos de contrato indefinido adscrito a obra en el sector de la construcción, regulado en la D.A. 3.ª de la LSC y el artículo 25 del VII CCGSC, la empresa tiene la obligación, al finalizar la obra, de efectuar al trabajador una propuesta de recolocación previo proceso formativo si fuera preciso. Solo si dicha recolocación no es posible (por inexistencia de vacantes, inadecuación de la cualificación, exceso de personal cualificado o inexistencia de obras adecuadas en la provincia), podrá extinguir el contrato.

CUESTIÓN

¿Qué se entiende por una paralización definitiva de una obra por causa imprevisible para la empresa y ajena a su voluntad? ¿y por una paralización temporal?

La «paralización, definitiva o temporal, de entidad suficiente» implica que concurran causas graves, imprevistas y ajenas a la empresa que obligan al cese relevante total o parcial de la obra por imposibilidad sobrevenida de continuar los trabajos, y puede ser alegada como motivo válido para la extinción de los contratos indefinidos adscritos a obra afectados, siempre que se reúna debida justificación documental. Se entiende, por tanto:

Paralización definitiva: Es la detención total e irreversible de los trabajos en la obra, que impide que esta continúe y se reactive en el futuro.

Paralización temporal de entidad suficiente: Es la detención sustancial y relevante de los trabajos (no una simple pausa breve o previsible), suficientemente importante y justificada, aunque técnicamente pueda ser reversible en el futuro, siempre que reúna una magnitud tal que imposibilite la continuación de los trabajos y la prestación por parte de la plantilla afectada.

En ambos supuestos, debe cumplirse:

- La causa de la paralización debe ser imprevisible para la empresa (es decir, ni programada, ni previsible en el normal curso del contrato).

- Dicha causa debe ser ajena a la voluntad empresarial (es decir, la empresa no debe haber contribuido, causado ni podido evitar ese hecho).

- La paralización debe reunir "entidad suficiente", es decir, debe ser relevante y de importancia, no un mero retraso puntual o insignificante.

Ejemplos de causas habituales incluidas:

- Órdenes administrativas, judiciales o gubernativas que suspendan la obra.

- Incidencias técnicas imprevistas de tal gravedad que imposibiliten la continuación.
- Fuerza mayor (catástrofes, derrumbes, inundaciones, etc.).
- Falta de suministros esenciales o financiación, si ello resulta ajeno a la gestión empresarial.

A TENER EN CUENTA. Al finalizar la obra la empresa tiene la obligación de efectuar al trabajador una propuesta de recolocación previo proceso formativo si fuera preciso. Solo si dicha recolocación no es posible (por inexistencia de vacantes, inadecuación de la cualificación, exceso de personal cualificado o inexistencia de obras adecuadas en la provincia), podrá extinguir el contrato por motivos inherentes a la personalidad del trabajador.

5.3. Comunicación de la finalización de la obra a persona trabajadora y RLT

La finalización de la obra deberá ser puesta en conocimiento de la **representación legal de las personas trabajadoras**, en su caso, así como de las **comisiones paritarias de los convenios de ámbito correspondiente** o, en su defecto, de los **sindicatos representativos del sector**, con **cinco días de antelación a su efectividad y dará lugar a una propuesta de recolocación**. Así lo recoge también el **artículo 25.3 del CCGSC, donde se establece:**

> «La finalización de la obra deberá ser puesta en conocimiento de la representación legal de las personas trabajadoras, en su caso, así como de las comisiones paritarias de los convenios de ámbito correspondiente o, en su defecto, de los sindicatos representativos del sector, con cinco días de antelación a su efectividad, y dará lugar a la propuesta de recolocación prevista en este artículo».

Por tanto, la empresa no solo está obligada a comunicar la finalización de la obra, sino que esta comunicación —que lleva aneja la propuesta de recolocación— se remite, además de a:

|| 1. Representación legal de las personas trabajadoras

El término representación legal de las personas trabajadoras hace referencia a los órganos de representación unitaria y sindical reconocidos por la legislación laboral y el propio convenio. De conformidad con el artículo 108 del CCGSC:

- Comprende los comités de empresa (en centros de trabajo con 50 o más personas trabajadoras) y los delegados/as de personal (en centros con menos de 50 y más de 10 personas trabajadoras).

- Estos representantes son elegidos por el conjunto de la plantilla en las elecciones sindicales y cuentan con atribuciones para negociar, representar y defender los intereses laborales colectivos.

Por tanto, en la práctica, la representación legal son los delegados/as de personal y miembros del comité de empresa del centro de trabajo afectado.

2. Comisiones paritarias de los convenios de ámbito correspondiente

Por comisiones paritarias se entienden los órganos mixtos y paritarios constituidos al amparo de los convenios colectivos, formados a partes iguales por representantes de las organizaciones sindicales y empresariales firmantes. Según el artículo 111 y siguientes del CCGSC:

- Ejercen funciones de interpretación, vigilancia y control del convenio colectivo de que se trate, pudiendo existir comisiones paritarias estatales, autonómicas o provinciales según el ámbito territorial del convenio.

En cada caso, la empresa debe comunicar la finalización de obra a la comisión paritaria del ámbito territorial del convenio aplicable (por ejemplo, provincial, autonómica o estatal).

3. Sindicatos representativos del sector

Bajo sindicatos representativos del sector se referencian aquellas organizaciones sindicales que ostentan una especial representatividad en el sector de la construcción, conforme a la normativa laboral y lo dispuesto en el Convenio:

- En el Convenio General de la Construcción, los sindicatos más representativos en el sector de la construcción son Comisiones Obreras (CC.OO.) y la Unión General de Trabajadores (UGT), quienes, junto con la patronal, son los impulsores de la Fundación Laboral de la Construcción para mejorar la formación y profesionalización del sector.

- Del mismo modo, otras organizaciones sindicales pueden ostentar la representatividad suficiente en el sector y territorio. Conforme a los criterios del artículo 6 de la Ley Orgánica de Libertad Sindical (LOLS), son representativos los sindicatos que cuenten con implantación relevante en el sector y ámbito geográfico correspondiente, normalmente aquellos con mayor representación en las elecciones sindicales.

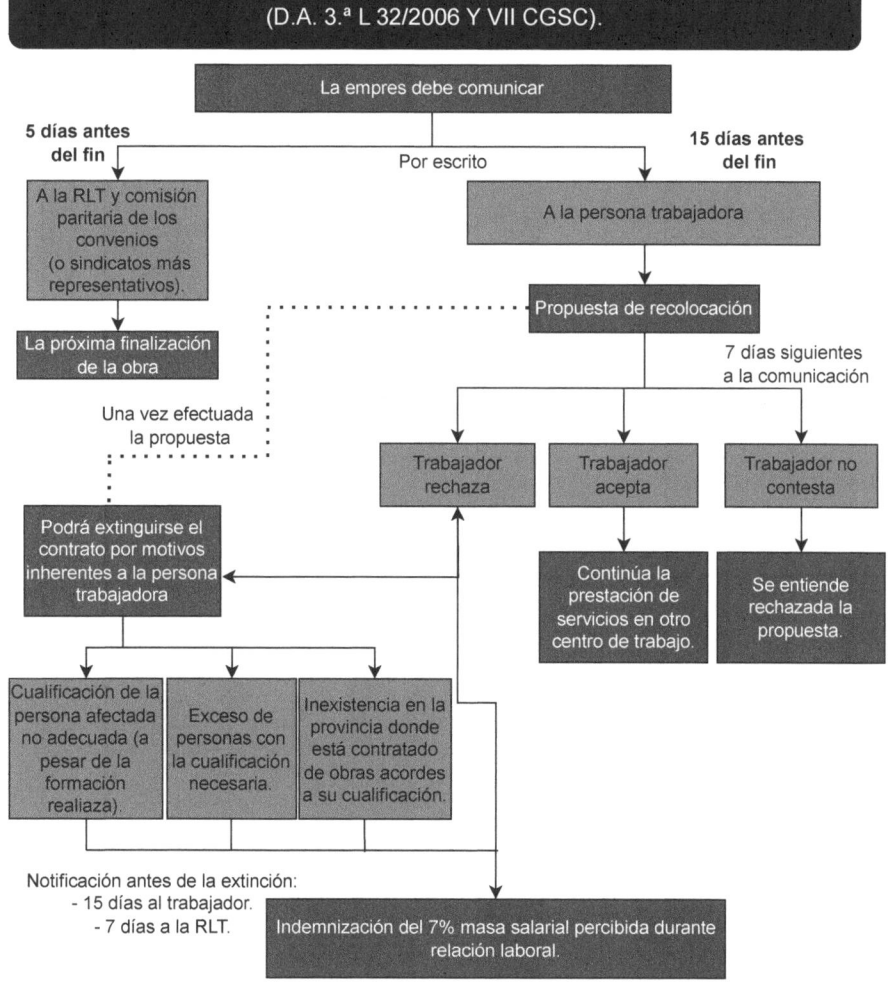

5.4. Propuesta de recolocación y formación

La propuesta de recolocación y formación es un mecanismo obligatorio que debe aplicarse cuando finaliza la obra en la que la persona trabajadora presta sus servicios. La empresa está obligada a ofrecer esta propuesta antes de que se pueda proceder a la extinción del contrato por motivos inherentes a la persona trabajadora.

Este proceso, que será siempre a cargo de la empresa, podrá realizarse directamente o a través de una entidad especializada, siendo preferente la formación que imparta la Fundación Laboral de la Construcción con cargo a las cuotas empresariales.

La negociación colectiva de ámbito estatal del sector de la construcción determinará los requisitos de acceso, duración y modalidades de formación adecuadas según las cualificaciones requeridas para cada puesto, nivel, función y grupo profesional.

El indicado proceso de formación podrá desarrollarse con antelación a la finalización de la obra, para lo que se prevé que la propuesta de recolocación será formalizada por escrito mediante una cláusula que se anexará al contrato de trabajo. Esta cláusula, que deberá precisar las condiciones esenciales, ubicación de la obra y fecha de incorporación a la misma, así como las acciones formativas exigibles para ocupar el nuevo puesto, será sometida a aceptación por parte de la persona trabajadora con quince días de antelación a la finalización de su trabajo en la obra en la que se encuentre prestando servicios.

> **CUESTIÓN**
>
> **¿La empresa debe probar la inexistencia de vacantes o imposibilidad de recolocación? ¿De no hacerlo debería solicitarse en la demanda posterior?**
>
> La empresa debe poder justificar de forma objetiva y razonable, la imposibilidad de recolocación, exhibiendo prueba suficiente y acreditando la inexistencia de vacantes acordes a la cualificación profesional del trabajador en la provincia, de conformidad con lo prevenido en la normativa sectorial y en atención al principio de distribución de la carga de la prueba señalado en el artículo 217 de la LEC.
>
> En caso de reclamación judicial ante la falta de justificación de la inexistencia de vacantes o imposibilidad de recolocación, el trabajador deberá solicitar expresamente en la demanda o en el acto del juicio que la empresa acredite (mediante documentación o prueba) la inexistencia de vacantes y la imposibilidad de recolocación, o bien pedir al tribunal que requiriese a la empresa la aportación de dicha prueba (por ejemplo, listados de obras activas, puestos disponibles, comunicaciones sobre propuestas de recolocación, etc.). Esta petición introduce la cuestión en el objeto del proceso y obligado a la empresa a defenderse aportando la prueba correspondiente. (STSJ de Canarias, rec. 1088/2024, de 7 de noviembre del 2024, ECLI:ES:TSJICAN:2024:4061).

|| Proceso de formación en el caso de recolocación

En el caso de que la recolocación lo requiera, el proceso de formación tendrá una duración de un **máximo de 20 horas** (apdos. 1 y 2 del anexo XII del Convenio colectivo general del sector de la construcción), y dicho proceso se adecuará al puesto, nivel, función y grupo profesional que corresponda a la persona trabajadora, constituyendo requisito básico de acceso a dicha formación que ésta resulte necesaria en función, tanto de la propuesta formulada como del hecho de que no concurran cualquiera de los motivos de extinción establecidos en la D.A. 3.ª.5 de la Ley 32/2006, de 18 de octubre.

Siguiendo el contenido y desarrollo detallado fundamentalmente en el artículo 25.2 del Convenio y en los anexos del mismo el proceso de formación presentará las siguientes características principales:

- Coste: el proceso será siempre a cargo de la empresa, quien podrá realizarlo directamente o a través de una entidad especializada, siendo preferente la formación impartida por la Fundación Laboral de la Construcción, con cargo a las cuotas empresariales.

- Tiempo de la formación: la formación se impartirá dentro de la jornada ordinaria, siempre que las circunstancias organizativas de la empresa lo permitan. Si no fuera posible, se podrá impartir fuera de la jornada, pero el tiempo empleado tendrá la consideración de tiempo de trabajo ordinario y será retribuido a valor de hora ordinaria, o compensado en tiempo de descanso equivalente, nunca considerándose como horas extraordinarias.

- Duración: si la recolocación requiere formación, el proceso tendrá una duración máxima de 20 horas, adaptándose al puesto, nivel, función y grupo profesional que corresponda a la persona trabajadora, siendo la formación necesaria en función de la propuesta formulada y del puesto que se va a desempeñar.

- Obligatoriedad: constituye requisito básico de acceso a la recolocación que, en efecto, sea necesaria esa formación para el nuevo puesto y que no concurran ninguno de los motivos de extinción previstos en la normativa sectorial.

- Momento de realización: el proceso de formación puede desarrollarse con antelación a la finalización de la obra.

CUESTIÓN

¿El proceso de formación se realizará dentro de la jornada laboral?

El indicado proceso de formación podrá desarrollarse con antelación a la finalización de la obra. Dicha formación se impartirá dentro de la jornada ordinaria de las personas trabajadoras siempre que las circunstancias organizativas de la empresa lo permitan. Cuando las circunstancias organizativas de la empresa no lo permitan se efectuará fuera de la jornada ordinaria pero el tiempo empleado en las horas efectivas de formación del curso tendrá la consideración de tiempo de trabajo ordinario siendo retribuido a valor de hora ordinaria de la tabla del convenio aplicable o compensado en tiempo de descanso equivalente, no teniendo en ningún caso la consideración de horas extraordinarias.

‖ Formalización de la propuesta de recolocación

La propuesta de recolocación será formalizada por escrito mediante una cláusula que se anexará al contrato de trabajo. Esta cláusula deberá precisar:

- Las condiciones esenciales, ubicación de la obra y fecha de incorporación a la misma.

- Las acciones formativas exigibles para ocupar el nuevo puesto.

Será sometida a aceptación por parte de la persona trabajadora con **quince días de antelación a la finalización de su trabajo** en la obra en la que se encuentre prestando servicios.

A TENER EN CUENTA. La extinción del contrato por motivos inherentes a la persona trabajadora sólo podrá producirse una vez realizada la propuesta de recolocación y, en su caso, la formación, y únicamente si se dan algunos de los supuestos previstos en el convenio.

CUESTIONES

1. ¿Cómo debe formalizar la empresa la propuesta de recolocación y formación en caso de finalización de la obra?

Es conveniente que la empresa cumpla todos los plazos y formalidades previstas por el convenio colectivo asegurando la transparencia y el derecho de información y tutela del trabajador. Como protocolo de mínimos que se recomienda podemos establecer:

– Detección de la finalización de la obra. Al identificarse la terminación real, verificable y efectiva de los trabajos desarrollados por la persona trabajadora, la empresa debe iniciar el procedimiento de recolocación, valorando la existencia de otras obras en la provincia adecuadas a la cualificación del trabajador.

– Información a la representación legal de los trabajadores. La finalización de la obra deberá ser comunicada previamente a la representación legal de las personas trabajadoras y, en su caso, a las comisiones paritarias del convenio o sindicatos representativos del sector, con una antelación mínima de cinco días a la finalización efectiva.

– Valoración de la adecuación profesional. La empresa analizará si el trabajador tiene la cualificación necesaria para prestar servicios en otras obras o si requiere formación o recualificación. Si existe la posibilidad de recolocación, se determinarán las características esenciales del nuevo puesto, la ubicación y la fecha de incorporación.

– Propuesta formal de recolocación. La propuesta de recolocación será formalizada por escrito mediante una cláusula que se anexará al contrato de trabajo e incluirá:

  » Condiciones esenciales del puesto y funciones.

  » Ubicación y fecha de incorporación.

  » Acciones formativas requeridas, duración y programación (si procede).

  » Plazo para aceptar o rechazar la propuesta (siete días desde la comunicación).

  » La propuesta debe entregarse a la persona trabajadora con una antelación mínima de quince días a la finalización de la obra.

  » El CCGSC incluye un modelo de cláusula anexa en el Anexo XVI para esta finalidad.

– Oferta de proceso formativo. Si es necesaria la recualificación, la empresa organizará y se hará cargo del proceso de formación, con una duración máxima de 20 horas, preferiblemente a través de la Fundación Laboral de la Construcción y dentro de la jornada ordinaria (o fuera de ella considerándose tiempo de trabajo remunerado).

– Respuesta del trabajador. La persona trabajadora deberá comunicar por escrito su aceptación o rechazo de la propuesta en el plazo de siete días desde su recepción. La falta de respuesta en plazo se considerará como rechazo.

– Documentación. Toda la documentación justificativa (propuesta, comunicaciones, aceptación/rechazo, recibos de formación) debe conservarse en el expediente laboral del trabajador, junto con los justificantes de entrega y recepción.

2. ¿Cuál es el objetivo de la propuesta de recolocación y formación en caso de finalización de la obra?

Significa que la empresa, antes de extinguir el contrato indefinido adscrito a obra al terminar la obra actual, debe realizar una oferta escrita, clara y detallada de recolocación en una nueva obra, recogida expresamente mediante una «cláusula anexa» al contrato que especifique todos los elementos exigidos. Esta metodología protege los derechos de ambas partes ya que:

– Garantiza la seguridad jurídica e informativa tanto para el trabajador como para la empresa.

– Cumple con el deber de recolocación preceptivo antes de extinguir el contrato por motivos inherentes al trabajador.

– Acredita que se ha ofrecido efectivamente esa recolocación y bajo qué condiciones, permitiendo controlar el proceso y evitar litigios relativos al derecho de recolocación y sus consecuencias.

5.5. Extinción del contrato indefinido adscrito a obra

El contrato puede extinguirse, además de por las causas generales previstas en el Estatuto de los Trabajadores, por diversas causas tales como el rechazo de la recolocación por parte del trabajador, porque la cualificación del trabajador no resulte adecuada a las nuevas obras que tenga la empresa en la misma provincia o no permita su integración en estas, por existir un exceso de personas con la cualificación necesaria para desarrollar sus mismas funciones o porque en la provincia en la que esté contratada la persona trabajadora no existan obras de la empresa acordes a su cualificación profesional, nivel, función y grupo profesional una vez analizada su cualificación o posible recualificación. (STSJ de Canarias, rec. 1088/2024, de 7 de noviembre del 2024, ECLI:ES:TSJICAN:2024:4061).

5.5.1. Extinción del contrato indefinido por motivos no inherentes a la persona trabajadora y su indemnización

La D.A. 3.ª de la LSC, a la hora de regular la extinción del contrato indefinido por motivos inherentes a la persona trabajadora en el sector de la construcción, comienza indicando: «*Sin perjuicio de lo previsto en la sección 4.ª del capítulo III del título I del Estatuto de los Trabajadores (...)*», de esta forma la norma deja clara la posibilidad de extinción del contrato por cualquiera de las situaciones reconocidas en los arts. 49-56 del ET.

En caso de despido objetivo y colectivo, la indemnización será de 20 días de salario por año trabajado, según las reglas de cálculo habituales. En el caso del despido disciplinario el trabajador no tendría derecho a indemnización. Asimismo, si el despido es calificado como improcedente, la indemnización será de 33 días por año trabajado, también según las reglas habituales.

5.5.2. Extinción del contrato indefinido por motivos inherentes a la persona trabajadora y su indemnización

La extinción del contrato indefinido por motivos inherentes a la persona trabajadora deberá ser puesta en conocimiento de la **representación legal de las personas trabajadoras** con una antelación de **siete días** a su efectividad y dará lugar a una **indemnización del siete por ciento calculada sobre los conceptos salariales establecidos** en las tablas del convenio colectivo que resulte de aplicación y que hayan sido devengados durante toda la vigencia del contrato, o la superior establecida por el Convenio General del Sector de la Construcción

Una vez efectuada la propuesta de recolocación, el contrato indefinido adscrito a obra podrá extinguirse por motivos inherentes a la persona trabajadora cuando se dé alguna de las siguientes circunstancias:

a) La persona trabajadora afectada rechaza la recolocación. En este supuesto, la persona trabajadora deberá notificar por escrito a la empresa la aceptación o rechazo de la propuesta en el plazo de siete días desde que tenga conocimiento de la comunicación empresarial. Transcurrido dicho plazo sin contestación se entenderá que la persona trabajadora rechaza la propuesta de recolocación.

b) La cualificación de la persona afectada, incluso tras un proceso de formación o recualificación, no resulta adecuada a las nuevas obras que tenga la empresa en la misma provincia, o no permite su integración en éstas, por existir un exceso de personas con la cualificación necesaria para desarrollar sus mismas funciones.

Los **criterios de prioridad o permanencia que deben operar en caso de existir un exceso de personas con la cualificación necesaria para desarrollar las mismas funciones dentro del mismo área funcional, nivel, función, grupo profesional y características de este** (criterios generales, formación y tareas) según lo contenido en el Anexo X y XI del VII CGSC, seguirán el siguiente orden:

» Persona trabajadora con más tiempo de servicio y experiencia en la empresa para el mismo puesto a ocupar en la nueva obra.

» Persona trabajadora con más tiempo de antigüedad en la empresa.

c) La inexistencia en la provincia en la que esté contratada la persona trabajadora de obras de la empresa acordes a su cualificación profesional, nivel, función y grupo profesional una vez analizada su cualificación o posible recualificación. La empresa deberá notificar la extinción del contrato a la persona trabajadora afectada con una antelación de quince días a su efectividad.

> **A TENER EN CUENTA**. En los supuestos recogidos en los apartados b) y c) precedentes, la empresa deberá notificar la extinción del contrato a la persona trabajadora afectada con una antelación de quince días a su efectividad.

CUESTIÓN

¿Puedes sustituir el preaviso de 15 días por parte de la empresa por un importe equivalente a los días omitidos?

La LSC no lo establece, no obstante, el CCGSC amplía la regulación del texto normativa y permite a la empresa «(...) sustituir este preaviso por un importe equivalente a los días de preaviso omitidos calculado sobre los conceptos salariales de las tablas del convenio colectivo que resulte de aplicación, todo ello sin perjuicio de la notificación escrita del cese. El citado importe deberá incluirse en el recibo de salario con la liquidación correspondiente al cese».

La extinción del contrato indefinido por motivos inherentes a la persona trabajadora, por tanto:

- Deberá ser puesta en conocimiento de la representación legal de las personas trabajadoras con una antelación de siete días a su efectividad.

- No podrá alegarse en dos supuestos concretos donde regirán siempre las causas generales del Estatuto de los Trabajadores:

  » Si se trata de personal de estructura de la empresa (por ejemplo, personal de oficina).

  » Si el contrato indefinido fue suscrito con anterioridad al 31 de diciembre de 2021.

- Dará lugar a una indemnización del siete por ciento calculada sobre los conceptos salariales establecidos en las tablas del convenio colectivo devengados durante la vigencia del contrato, o la superior establecida por el convenio general del sector de la construcción.

5.5.3. Criterios de prioridad

La negociación colectiva de ámbito estatal del sector correspondiente precisará los criterios de prioridad o permanencia que deben operar en caso de concurrir estos motivos en varias personas trabajadoras de forma simultánea en relación con la misma obra (D.A. 3.ª de la Ley 32/2006, de 18 de octubre).

El VII CCGSC regula, en el artículo 25.5, los **criterios de prioridad** a aplicar para el mantenimiento de los contratos indefinidos adscritos a obra, cuando en un proceso de extinción por motivos inherentes a la persona trabajadora (por ejemplo, exceso de personal cualificado para recolocación tras finalización de la obra) sea necesario establecer un orden de permanencia.

Los criterios de prioridad o permanencia fijados son los siguientes (artículo 25.5, segundo párrafo):

- Mayor tiempo de servicio y experiencia en la empresa para el mismo puesto a ocupar en la nueva obra. Se considerará preferente la persona trabajadora que tenga más tiempo prestando servicios y experiencia en la empresa, específicamente para el puesto de trabajo que se deba ocupar en la obra de recolocación.

- Mayor antigüedad en la empresa. En caso de igualdad en el criterio anterior, tendrá prioridad quien cuente con mayor antigüedad global en la empresa.

Estos criterios deben aplicarse dentro del mismo área funcional, nivel, función, grupo profesional y características de este, conforme a lo dispuesto en los Anexos X y XI del propio CCGSC.

Área funcional → Grupo profesional → Nivel → Función

Los conceptos se área funcional, nivel, función, grupo profesional y sus características dependerán de cada convenio, no obstante, en este caso podemos seguir lo establecido en el CCGSC fijando aspectos como:

Área funcional: es una de las grandes divisiones de la actividad profesional en la empresa, agrupando puestos con cierta afinidad en cuanto a las tareas y el contenido del trabajo. Según el anexo X del CCGSC, en el sector de la construcción se distinguen tres áreas funcionales principales:

- Gestión técnica, diseño y planificación: actividades como gestión técnica de obra, trabajo de campo, diseño, planificación, mediciones, investigación, delineación de proyectos, etc.
- Producción y actividades asimiladas: actividades relacionadas con la ejecución material de obras (acondicionamiento del terreno, ejecución de fases de obra, conservación, operaciones con maquinaria, etc.).
- Servicios transversales: actividades de soporte a las anteriores como administración, finanzas, calidad, medio ambiente, prevención de riesgos, limpieza, etc.

Grupo profesional: es el encuadramiento general que agrupa los puestos de trabajo equivalentes en función de las tareas, la formación requerida y el grado de responsabilidad y autonomía. El CCGSC recoge ocho grupos profesionales (del 1 al 8), desde tareas básicas o de apoyo hasta la dirección general, cada uno con una descripción de criterios generales, nivel formativo recomendable y ejemplos de tareas asociadas. El grupo profesional es el elemento central de la clasificación.

Nivel: es la subdivisión dentro de los grupos profesionales, orientada a diferenciar las diferentes categorías o escalas retributivas según especialización, responsabilidad o complejidad del trabajo. Los niveles se recogen en el Anexo XI y responden a la graduación de funciones, cargos, o titulaciones dentro del grupo profesional y área funcional. Cada nivel se relaciona con una determinada remuneración en las tablas salariales.

Función: se refiere al conjunto de actividades o tareas específicas asignadas a un puesto concreto dentro del mismo grupo profesional, nivel y área funcional. Permite concretar el contenido real del trabajo, su cometido principal, la finalidad y las operaciones que desarrolla la persona trabajadora. Por ejemplo, la función de "oficial de 1ª de albañilería" en el grupo 4, nivel VIII, área de producción.

Características del grupo profesional (criterios generales, formación, tareas): cada grupo profesional se caracteriza, según el Anexo X, por tres apartados:

- Criterios generales: resumen del grado de autonomía, responsabilidad, formación y complejidad del trabajo habitual en ese grupo.
- Formación: nivel formativo recomendable para desempeñar el conjunto de tareas o funciones asociadas.
- Tareas: relación enunciativa y no exhaustiva de labores y cometidos propios de ese grupo, subdivididas por áreas funcionales según corresponda.

Estas características son las que permiten objetivar, a efectos de clasificación, la posición de la persona trabajadora dentro de la estructura profesional de la empresa.

5.5.4. Notificación de la extinción del contrato

‖ 1. Por parte de la persona trabajadora

La persona trabajadora deberá notificar por escrito a la empresa la aceptación o rechazo de la propuesta en el plazo de **siete días** desde que tenga conocimiento de la comunicación empresarial de extinción de obra y posible recolocación. Transcurrido dicho plazo sin contestación se entenderá que la persona trabajadora rechaza la propuesta de recolocación.

‖ 2. Por parte de la empresa

La empresa deberá notificar la extinción del contrato a la persona trabajadora afectada con una antelación de **quince días** a su efectividad y a la RLT con una antelación de **siete días**

Siguiendo todo lo desglosado hasta el momento, este mandato legal supone que cuando no sea posible la recolocación en otra obra de la provincia — incluso tras el proceso formativo— corresponderá a la empresa realizar una nueva comunicación con 15 días de antelación a la extinción. En paralelo, la extinción del contrato indefinido por motivos inherentes a la persona trabajadora deberá ser puesta en conocimiento de la representación legal de las personas trabajadoras con una antelación de siete días.

5.5.5. Indemnización

El CCGSC establece una **indemnización del 7 % calculada sobre los conceptos salariales establecidos en las tablas del convenio colectivo devengados durante la vigencia del contrato, o la superior establecida por el propio convenio.**

Para saber si un convenio colectivo específico regula una indemnización diferente o ampliada a la legal, será necesario consultar el propio texto que se aplique en el ámbito geográfico o territorial. No obstante, al menos a priori, los convenios colectivos sectoriales de la construcción no fijarán una indemnización superior al 7 % en el caso de extinción del contrato indefinido por motivos inherentes al trabajador.

En lo referente al **cálculo de la indemnización** únicamente deben ser tenidos en cuenta los conceptos salariales que figuran en las tablas salariales, es decir, aquellos establecidos como retribuciones salariales por el propio convenio que, a modo no exhaustivo serían: salario base, plus de actividad, plus de asistencia, pagas extraordinarias, complementos salariales, etc., según correspondan para el grupo profesional y categoría de la persona trabajadora.

Se excluyen expresamente los conceptos extrasalariales, por ejemplo, pluses compensatorios de gastos de transporte, dietas, plus de distancia, u otros de naturaleza no salarial.

Deberán computarse todos los importes de dichos conceptos salariales efectivamente devengados durante toda la vigencia del contrato indefinido adscrito a obra y sobre el total resultante se aplicará el 7 % para determinar el importe de la indemnización.

RESOLUCIONES RELEVANTES

STSJ Canarias, rec. 722/2024, de 17 de enero de 2025, ECLI:ES:TSJICAN:2025:665

Cabe pronunciarse, incluso de oficio, respecto a la indemnización prevista en el CGSC para el caso de extinción lícita del contrato indefinido adscrito a obra.

Resolución Vinculante de Dirección General de Tributos n.º V1504-23, de 2 de junio de 2023

Las indemnizaciones por finalización de contratos fijos de obra están sujetas a tributación en el IRPF y no gozarán de exención en virtud del artículo 7.e) de la Ley del IRPF.

5.5.6. Situación legal de desempleo

Un trabajador se encontrará en situación legal de desempleo si su contrato indefinido adscrito a obra se extingue por causas inherentes a su persona, según lo establecido en la D.A 3.ª de la LSC. El artículo 267 de la Ley General de la Seguridad Social (LGSS) especifica que los trabajadores afectados por una extinción del contrato por motivos inherentes a su persona se consideran en situación legal de desempleo.

Por lo tanto, la extinción de un contrato indefinido adscrito a obra por causas inherentes a la persona trabajadora situará al empleado en situación legal de desempleo, permitiéndole solicitar las prestaciones o subsidios correspondientes, siempre y cuando cumpla con los demás requisitos establecidos por la normativa.

Para tener derecho a las prestaciones por desempleo, se deben cumplir los requisitos establecidos en los artículos 266, 274 y 299 de la LGSS. Los beneficiarios de la prestación por desempleo deben encontrarse en situación legal de desempleo, tener el período mínimo de cotización exigido y no estar en alguna de las situaciones de incompatibilidad establecidas en el artículo 264 de la LGSS.

Aquellos desempleados que no tengan derecho a la prestación contributiva podrán ser beneficiarios del subsidio si no se encuentran en ningún supuesto de incompatibilidad, carecen de rentas propias o acrediten responsabilidades familiares, siempre y cuando se encuentren en alguna de las situaciones descritas en el artículo 274 de la LGSS.

5.6. Renovación del contrato indefinido adscrito a obra

Como hemos visto, la renovación del contrato fijo de obra para seguir prestando servicios en otra obra requiere acuerdo expreso, constancia escrita mediante el modelo del Convenio, identificación del nuevo destino, respeto de la antigüedad y las condiciones laborales y la voluntad clara y manifiesta de ambas partes.

A la hora de proceder a la renovación de un contrato indefinido adscrito a obra para que la persona trabajadora continúe prestando servicios en otra obra, deben tenerse en cuenta los siguientes aspectos fundamentales:

- Formalización expresa de la renovación: la renovación debe suscribirse de mutuo acuerdo entre la empresa y la persona trabajadora, con constancia escrita y firmada por ambas partes (anexo II del CCGSC: modelo de renovación).

- Protección de la antigüedad: la antigüedad en la empresa se conserva íntegra; la prestación de servicios en distintas obras bajo el mismo contrato no interrumpe la relación laboral ni afecta a la fecha de cómputo para derechos de antigüedad.

- Necesidad de identificar la nueva obra: en la renovación deberá constar expresamente cuál es la nueva obra o centro de trabajo donde el trabajador/a prestará servicios, así como la fecha de su incorporación y la categoría o función asignada.

- Condiciones de trabajo aplicables: salvo que se pacte lo contrario, se aplicarán las condiciones establecidas en el convenio que resulte de aplicación en el centro de destino y las cláusulas pactadas en el contrato original, ajustándose únicamente las propias de la obra concreta si procediera.

- Conservación de la modalidad contractual: la renovación no implica la celebración de un nuevo contrato, sino la continuación de la relación laboral, ajustando únicamente la obra asignada. Debe evitarse el uso encadenado de contratos de obra diferentes para el mismo trabajador cuando la relación puede mantenerse mediante la renovación.

- Documento de renovación: el modelo oficial previsto en el CCGSC (anexo II) debe ser utilizado, con las firmas de ambas partes y entrega de copia fechada a cada una.

- No obligatoriedad para el trabajador/a: la renovación requiere la aceptación expresa del trabajador/a; no puede imponerse unilateralmente por la empresa.

- Comunicación: se recomienda comunicar la renovación, y/o entrega de copia, a la representación legal de los trabajadores —si la hubiera— para mayor transparencia y garantía.

5.7. Posible suspensión del contrato indefinido adscrito a obra

Conforme a lo dispuesto en el VII CCGSC no está prevista la suspensión del contrato durante el proceso de recolocación tras finalizar la obra originaria.

No procede la suspensión del contrato indefinido adscrito a obra durante el periodo en que se gestiona la recolocación en otra obra. En todo caso, la relación laboral permanece vigente y deben cumplirse los plazos, requisitos formales y, si corresponde, el proceso de formación, pero sin solución de continuidad del contrato, salvo concurrencia de causas de suspensión reguladas legalmente ajenas al procedimiento de recolocación.

El convenio establece que, una vez finalizada la obra, la empresa tiene la obligación de realizar una propuesta de recolocación al trabajador/a, la cual puede ir acompañada —si fuera necesario— de un proceso de formación de hasta 20 horas para facilitar la adaptación al nuevo puesto (art. 25.2). La recolocación debe ofrecerse por escrito con antelación suficiente y, si la persona trabajadora acepta, pasa a prestar servicios en la nueva obra o, en su caso, inicia la formación ligada a la recolocación.

Durante este proceso:

- La relación laboral se mantiene vigente y no se suspende; el tiempo empleado en la formación (si procede) se considera tiempo de trabajo ordinario o tiempo compensado según el convenio.

- No existen períodos formales de inactividad o de suspensión contractual durante la recolocación, ya que la finalidad del proceso es justamente asegurar la continuidad de la relación laboral del trabajador/a.

Una **suspensión sólo será posible y regulada expresamente en los casos previstos en el convenio o normativa laboral para supuestos como:** incapacidad temporal, nacimiento y cuidado del menor, excedencia, fuerza mayor, etc., pero no como parte del proceso convencional de recolocación tras la finalización de la obra inicial.

6.
FORMACIÓN A LOS TRABAJADORES DEL SECTOR DE LA CONSTRUCCIÓN Y SU ACREDITACIÓN

La relación entre la formación de los trabajadores en el sector de la construcción, regulada en el **capítulo III «Formación»** del VII CCGS, y el **contrato indefinido adscrito a obra** (artículo 25) se establece principalmente en materia de recolocación y adaptación profesional en los supuestos de finalización de una obra y posterior propuesta de incorporación a una nueva obra dentro de la misma empresa.

El reiterado **artículo 25** contempla que, al finalizar la obra para la que la persona trabajadora fue contratada bajo la modalidad de contrato indefinido adscrito a obra, la empresa está obligada a efectuar una propuesta de recolocación al trabajador, pudiendo ser necesario un *«proceso de formación»* previo para la adecuación al nuevo puesto de trabajo u obra. **Este proceso de formación, de ser preciso, será siempre a cargo de la empresa y podrá realizarse directamente por la empresa o mediante una entidad especializada, siendo preferente la formación impartida por la** *Fundación Laboral de la Construcción.*

Para desplegar esta formación, el **capítulo III «Formación»** establece el marco, los niveles, las áreas, las titulaciones y los contenidos formativos necesarios para el desempeño de los distintos puestos y tareas en la construcción (por ejemplo, formación básica, formación específica por oficio o puesto, y formación en prevención de riesgos laborales). Dentro de esos contenidos se incluye la formación mínima exigible tanto para el propio sector como respecto a la *prevención de riesgos laborales* (artículos 141 a 145 y anexo XII), requisitos que serán considerados al determinar la formación a impartir para la adaptación a un nuevo puesto tras la finalización de obra.

Así, la **formación a la que remite el art. 25** hace referencia explícita a la formación prevista en el capítulo III (así como en los anexos referenciados), siendo ésta esencial para garantizar la adecuación profesional del trabajador recolocado, así como para el cumplimiento de la normativa sectorial y de prevención de riesgos.

Como ejemplo, el anexo XVI contiene el modelo de cláusula de recolocación para estos contratos e indica expresamente la exigencia (cuando proceda) de la realización de formación en prevención de riesgos laborales de acuerdo con las previsiones del convenio (formación inicial de 8 horas, formación por oficio/puesto o formación específica para responsables, mandos intermedios o administrativos).

Por tanto, a modo de **conclusión**, la formación regulada en el capítulo III constituye la base para la capacitación y, en su caso, recualificación de los trabajadores a los que, tras finalizar una obra, se le ofrece la recolocación conforme al artículo 25 del CCGSC. Dicha formación será obligatoria cuando así lo requiera el nuevo puesto, garantizando la idoneidad profesional y el cumplimiento de la normativa en materia de prevención de riesgos laborales.

6.1. ¿Cómo se configura el derecho a la información, consulta y participación de los trabajadores?

El **Real Decreto 1627/1997, de 24 de octubre**, dedica su capítulo III a la información, consulta y participación de los trabajadores, y hace referencia expresa a la necesidad de que ciertas actividades se realizan por personal debidamente formado.

En desarrollo de los citados derechos de los trabajadores, el vigente **VII Convenio colectivo general del sector de la construcción (BOE 23/09/2023)** dedica un título III («Información y formación en seguridad y salud») íntegro a este tema, **separando dos aspectos: la información sectorial y la formación.**

Con carácter previo, las acciones y actuaciones a realizar en relación con la prevención de riesgos laborales en el sector de la construcción tienen que ser análogas, homogéneas y coordinadas en todo el territorio nacional, y principalmente irán dirigidas al empresario.

Esa labor de hilo conductor de los principios y directrices a desarrollar en los programas formativos y para los trabajos de cada especialidad en cada Consejo Territorial le corresponde a la Fundación Laboral de la Construcción (FLC).

La **información a los trabajadores** se contempla como un derecho de estos en el **Real Decreto 1627/1997, de 24 de octubre**, que establece que los contratistas y subcontratistas deberán garantizar que los trabajadores reciban una información adecuada y comprensible de todas las medidas a adoptar en lo que se refiere a su seguridad y su salud en la obra (de conformidad con lo previsto en el artículo 10 de la Ley 32/2006, de 18 de octubre).

Además, los trabajadores serán consultados y participarán de forma coordinada en todas las cuestiones que afecten a dicha seguridad y salud, a cuyo fin el contratista facilitará a sus representantes en el centro de trabajo una copia del plan de seguridad y salud.

Y serán informados por el empresario de los riesgos específicos del centro y del puesto de trabajo.

Por otro lado, dada la accidentabilidad en el sector de la construcción, la Fundación Laboral de la Construcción debe desarrollar una actividad de **información sectorial** conforme a lo siguiente:

- Necesidad del cumplimiento de las normas de prevención de riesgos laborales.
- Incidir en las actividades de alto riesgo.
- Elaboración de un programa de estadísticas con datos de accidentabilidad y acciones a aplicar.
- Actividades de la FLC, control de resultados parciales y grado de cumplimiento de los objetivos.
- A la vista de las anteriores campañas de información, realización de un estudio por expertos respecto a la estrategia a emplear para fomentar una comunicación efectiva.

6.2. Formación en materia de prevención de riesgos laborales

La **formación** en materia de prevención de riesgos laborales en la construcción, que el convenio colectivo cifra en «ciclos de formación», debe ser suficiente y adecuada al puesto de trabajo (art. 141 del CCGSC, de acuerdo con lo dispuesto en el art. 10.2 de la Ley 32/2006, de 18 de octubre).

1. Formación mínima o estándar en materia de prevención de riesgos laborales

La formación mínima o estándar constará de **dos ciclos o tipos de acciones**.

a) Primer ciclo de formación en materia de prevención de riesgos

El primer ciclo deberá incluir la **formación inicial** sobre los riesgos y los principios básicos y conceptos en la materia y conseguir despertar el interés al alumnado para iniciar los cursos de segundo ciclo.

Esta formación inicial tiene carácter mínimo para todos los trabajadores del sector de la construcción en las obras y suficiente para aquellos que realicen trabajos en obra que no conlleven riesgos especiales (vigilantes, personal de limpieza o suministradores, por ejemplo), y no exime al empresario de su obligación de informar a los trabajadores de los riesgos específicos del centro y del puesto de trabajo.

Tiene por objetivo conseguir que los trabajadores puedan identificar los riesgos laborales más frecuentes en las distintas fases de ejecución de una obra y las medidas preventivas a implantar para eliminar o minimizar dichos riesgos.

Su duración es de **8 horas lectivas**, que deben realizarse de forma presencial y su contenido formativo, establecido en el anexo XII.1 del propio convenio colectivo, se clasifica en:

- Conceptos básicos sobre seguridad y salud.
- Técnicas preventivas elementales sobre riesgos genéricos.
- Primeros auxilios y medidas de emergencia.
- Derechos y obligaciones.

b) Segundo ciclo de formación en materia de prevención de riesgos

El segundo ciclo deberá transmitirles **conocimientos y normas específicas** en relación con el puesto de trabajo o el oficio.

Los puestos de trabajo en los que es preceptivo recibir esta formación son:

Oficios	Puestos de trabajo
Albañilería.	
Trabajos de demolición y rehabilitación.	
Encofrados.	
Ferrallado.	
Revestimiento de yeso.	
Electricidad, montaje y mantenimiento de instalaciones eléctricas de alta y baja tensión.	
Fontanería e instalaciones de climatización.	Personal directivo de la empresa.
Revestimientos exteriores.	
Pintura.	Responsables de obra y técnicos de ejecución.
Solados y alicatados.	
Operadores de aparatos elevadores.	Mandos intermedios.
Operadores de vehículos y maquinaria de movimiento de tierras.	Delegados de prevención.
Operadores de equipos manuales.	Administrativos.
Trabajos de aislamiento e impermeabilización.	
Montaje de estructuras tubulares.	
Operario de instalaciones temporales de obra y auxiliares: plantas de aglomerado, de hormigón, de machaqueo y clasificación de áridos.	
Estabilización de explanadas y extendido de firmes.	
Colocación de materiales de cubrición.	

Conservación y explotación de carreteras.	
Ejecución de túneles y sostenimiento de las excavaciones subterráneas y de los taludes.	
Cimentaciones especiales, sondeos y perforaciones.	
Construcción y mantenimiento de vías férreas.	
Trabajos marítimos.	Personal directivo de la empresa.
Trabajos de redes de abastecimiento y saneamiento y pocería.	Responsables de obra y técnicos de ejecución.
Trabajos de montaje de prefabricados de hormigón en obra.	
Operario de taller de materiales: piedras industriales, tratamiento o transformación de materiales, canteros y similares.	Mandos intermedios.
	Delegados de prevención.
Trabajos de soldadura.	Administrativos.
Montaje de escayola, placas de yeso laminado y asimilados.	
Mantenimiento de maquinaria y vehículos.	
Trabajos de arqueología.	
Trabajos de fabricación y montaje de elementos prefabricados.	

La formación incluirá una parte común previa, con una duración de **14 horas lectivas**, y de otra específica, con una duración de **6 horas lectivas**, a los trabajadores que realicen actividades multifunción y polivalentes.

Se podrán desarrollar acciones formativas específicas de 6 horas lectivas por oficio para aquellos trabajadores que, previamente, hayan cursado una acción formativa completa de 20 horas lectivas de alguno de los oficios, dispongan de la formación de nivel básico de prevención en la construcción o se les reconozca la convalidación de la formación.

Su contenido formativo y las horas lectivas se establecen en el anexo XII. apdo.1 del propio CCGSC.

Se trata de una formación igualmente presencial, con las siguientes excepciones:

- Para personal directivo de empresa y administrativos, la formación podrá ser mixta presencial (al menos el 25 %) y mediante teleformación. Lo mismo que para delegados de prevención, si bien en este caso la parte presencial deberá ser de al menos 20 horas lectivas.

- Para personal directivo, la formación podrá impartirse y evaluarse exclusivamente mediante teleformación. Resulta conveniente que las acciones formativas en ambos niveles aborden aspectos de carácter práctico que refuercen los conocimientos teóricos, que deberán ser desarrollados por la Fundación Laboral de la Construcción. Organismo que, además, podrá impartirla, directamente o a través de las entidades o empresas homologadas en la materia.

También se puede impartir la acción formativa preventiva de nivel básico específica para el sector de la construcción en determinados casos.

|| 2. Nivel básico de prevención en la construcción

El contenido formativo para el nivel básico de prevención en la construcción tendrá una duración mínima de **60 horas lectivas** y está establecido en el anexo XIV del Reglamento de los Servicios de prevención y en el anexo XII. apdo. 2 del CCGSC, agrupado en:

- Conceptos básicos sobre seguridad y salud.
- Riesgos generales y su prevención.
- Riesgos específicos y su prevención en el sector de la construcción.
- Elementos básicos de gestión de la prevención de riesgos.
- Primeros auxilios.

Podrá impartirse en la modalidad presencial o mixta presencial y teleformación, si bien en este último caso la parte presencial tendrá una duración mínima de 20 horas lectivas.

Este tipo de formación convalida la formación inicial, la de responsables de obra y técnicos de ejecución, la de mandos intermedios, la de administrativos y la formación relativa al tronco común de oficios.

|| 3. Convalidación de la formación en prevención de riesgos

Existen otras formaciones que convalidan la formación indicada (anexo XIII del CCGSC):

- La formación de nivel superior o intermedio, o máster universitario o FP de Técnico Superior en PRL, convalida la formación inicial, la parte común de oficios, la del personal directivo de empresa y la de los responsables de obra y técnicos de ejecución, mandos intermedios, delegados de prevención y administrativos. Sucede lo mismo con la de técnicos, cuya formación fue acreditada en su día sin efectos académicos mediante certificación.

- La formación de nivel básico y el curso de coordinador en materia de seguridad y de salud en el sector de la construcción convalida la formación inicial, la parte común de oficios, la de los responsables de obra y técnicos de ejecución, mandos intermedios y administrativos.

- La formación recogida en los títulos de formación profesional de grado medio y superior de la familia de Edificación y Obra Civil cubren un módulo profesional que capacita para desempeñar las funciones de nivel básico de prevención en construcción.

- Los certificados de profesionalidad de la familia de edificación y obra civil garantizan el nivel de conocimientos necesarios para obtener la tarjeta profesional de la construcción y las cualificaciones de nivel 2 —e incluso 3— para controlar a nivel básico riesgos en construcción.

- La formación recogida en el Reglamento General de Normas Básicas de Seguridad Minera se convalida en el anexo XIII del CCGSC según el puesto y grupo. Lo mismo que la formación recogida en el anexo III del convenio colectivo estatal del metal (BOE 12/01/2022) y en el anexo IV del convenio colectivo estatal de la madera (BOE 27/11/2012).

- La formación de aquellos trabajadores con títulos universitarios en los que se imparta formación en materia de PRL equivalente, se convalidarán mediante acuerdo del Patronato de la FLC.

|| 4. Formación de los recursos humanos de las empresas

Las empresas que pretendan ser contratadas o subcontratadas para trabajos en una obra de construcción deberán estar inscritas en el Registro de Empresas Acreditadas.

Para ello, es requisito indispensable que garanticen que todos los trabajadores que presten servicios en las obras tengan la formación necesaria y adecuada a su puesto de trabajo o función en materia de PRL.

A estos efectos, la formación podrá ser acreditada por las empresas mediante certificación expedida por la Confederación Nacional de la Construcción o las entidades en que delegue.

También los convenios colectivos sectoriales de ámbito estatal podrán establecer programas formativos y contenidos específicos para los trabajos de cada especialidad, e incluso un sistema de acreditación de la formación en el sector de la construcción, siempre que sea único y tenga validez en el conjunto del sector y del territorio nacional.

6.3. Acreditación de la formación: tarjeta profesional de la construcción

El art. 154.1 del CCGSC dispone que «La Tarjeta Profesional de la Construcción es el documento expedido por la Fundación Laboral de la Construcción que constituye una forma de acreditar, entre otros datos, la formación específica del sector recibida por una persona en materia de prevención de riesgos laborales, así como su categoría profesional y los periodos de ocupación en las distintas empresas en las que vaya ejerciendo su actividad».

El sistema de acreditación de la formación en materia de PRL vendrá establecido por la Fundación Laboral de la Construcción (art. 149 del Convenio colectivo general del sector de la construcción), y deberá permitir al trabajador el acceso telemático a sus datos y la obtención de certificaciones de los mismos. Asimismo, facilitará a su titular el acceso a los servicios de la Fundación Laboral de la Construcción.

A ese fin, expedirá la **tarjeta profesional de la construcción** que acredita (art. 151 del Convenio colectivo general del sector de la construcción):

- La formación específica recibida por el trabajador en materia de PRL y al menos la formación inicial.
- La formación de todo tipo que ha recibido.
- Su categoría profesional y los periodos de ocupación en distintas empresas.

- Que su titular ha realizado los reconocimientos médicos preceptivos.

A TENER EN CUENTA. La tarjeta tiene un formato físico establecido en el anexo IV del CCGSC y en un sistema informático que permite a su titular el acceso telemático manteniendo sus datos personales protegidos.

Serán **beneficiarios** —según el art. 157 del CCGSC —de la tarjeta y, por tanto, podrán solicitarla:

- Las personas trabajadoras en situación de alta, o en situación de incapacidad transitoria, que presten sus servicios en empresas encuadradas en el ámbito de aplicación del CCGSC.
- Las personas trabajadoras que tengan acreditados, al menos, treinta días de alta en empresas encuadradas en el ámbito de aplicación del Convenio General del Sector de la Construcción en el período de sesenta meses inmediatamente anterior a la solicitud.
- El alumnado de formación en alternancia y para la obtención de la práctica profesional de aquellas familias profesionales relacionadas con la construcción.

Ahora bien, el patronato de la FLC podrá establecer la emisión de la Tarjeta sin necesidad de previa solicitud, con arreglo a los criterios que libremente determine.

En todo caso, será imprescindible haber recibido la **formación inicial** en materia de PRL.

La tarjeta se puede **solicitar** en cualquier centro de la FLC y en las entidades con las que aquella haya suscrito el correspondiente convenio de colaboración, acompañando:

- Fotografía tamaño carné.
- Fotocopia DNI o tarjeta de residencia.
- Informe de vida laboral emitido por la TGSS dentro de los 90 días anteriores.
- Uno de estos documentos: certificado de empresa para la FLC o para el SEPE u original o copia compulsada de la nómina o del contrato de trabajo.
- Original o copia compulsada del diploma o certificado acreditativo de la formación inicial en materia de PRL, expedido por la FLC o entidad homologada.
- Otros con carácter opcional.

El gerente del consejo territorial correspondiente de la FLC resuelve el expediente de solicitud y entrega la tarjeta al solicitante en el **plazo máximo de un mes** desde que aportó la documentación. Si no está conforme, puede interponer **reclamación** ante el correspondiente Consejo Territorial de la Fundación Laboral de la Construcción, en el plazo de **quince días** desde la notificación (arts. 158 a 160 del CCGSC).

La tarjeta caducará a los **5 años** de su emisión (art. 161 del CCGSC), tras lo que se podrá renovar acreditando los mismos requisitos de alta.

El titular de la tarjeta estará obligado a:

- Conservarla en perfecto estado.
- Comunicar a la FLC las posibles modificaciones de los datos relevantes de su expediente.
- Comunicar a la FLC su robo o extravío.

Hay que tener en cuenta, la existencia de un caso particular: la tramitación de la tarjeta en el Principado de Asturias se realizará por la FLC propia de dicha comunidad autónoma.

6.4. Homologación de entidades formativas

Las entidades constituidas como servicios de prevención ajenos acreditados por la autoridad laboral o las empresas encuadradas en el ámbito de aplicación del Convenio Colectivo de la construcción que dispongan de organización preventiva propia, podrán solicitar a la Fundación Laboral de la Construcción (FLC) la homologación de la formación preventiva que impartan.

Para ello, deberán reunir los siguientes **requisitos** (art. 164 del CCGS):

- Tener los recursos humanos, materiales y didácticos para realizar la actividad formativa, según las necesidades concretas.
- Disponer personal docente con formación acreditada de niveles intermedio o superior conforme al Reglamento de los Servicios de Prevención y conocimiento y experiencia acreditada específicos de la construcción.
- Aplicar los contenidos didácticos que apruebe la FLC, a fin de garantizar la homogeneidad de la actividad formativa.
- Adoptar las condiciones que establezca la FLC respecto a horas lectivas, número de alumnos máximos por grupo y realización de pruebas de evaluación.
- Contar con la acreditación u homologación exigible por la autoridad laboral competente.
- Satisfacer las tasas establecidas por el patronato de la FLC.

El **procedimiento** —regulado en el 165 del CCGS— es el siguiente:

- Las entidades interesadas en ser acreditadas presentarán su solicitud a la FLC, junto con una memoria explicativa de la actividad conteniendo: plan y ámbito territorial de actuación, programación anual con número de trabajadores a formar, dotación y formación del personal y su dedicación para la actividad formativa, sistema de evaluación interna de la calidad de la docencia, ubicación y detalle de las instalaciones y descripción de medios materiales, didácticos e instrumentales para la formación.

- La Comisión Ejecutiva de la FLC evaluará la memoria y resolverá la solicitud en el plazo de 2 meses, aprobando o denegando la homologación.

En cualquier momento del expediente podrá requerir a la entidad solicitante que presente documentación adicional y subsane deficiencias, lo que interrumpirá ese plazo. Y si en 15 días no se atiende, archivará el expediente, entendiéndose denegada la solicitud.

Las entidades que lleven a cabo esta actividad formativa estarán inscritas en el registro correspondiente creado por la FLC y deberán mantener las condiciones de acreditación, que podrá dejarse sin efecto cuando no sea así. La retirada de la acreditación afectará también a aquellas entidades de las que se presuma que son continuación o que derivan de ellas.

CUESTIONES

La finalización de la obra en la que presta servicios la persona trabajadora con contrato indefinido adscrito a obra determinará la obligación para la empresa de efectuar una propuesta de recolocación, previo desarrollo, de ser preciso, de un proceso de formación. ¿Se entiende aplicable lo establecido en materia de formación en PRL a estos efectos?

El artículo 25.2 del CCGSC establece de forma expresa que, en el supuesto de que para la recolocación en la nueva obra o puesto de trabajo resulte necesaria la formación, la empresa debe facilitar dicho proceso formativo previo a la recolocación. De esta forma, cuando se produce la recolocación trás la finalización de la obra en un contrato indefinido adscrito a obra, si el nuevo puesto requiere formación concreta en PRL, deberá exigirse y facilitarse esa formación como parte del proceso previo a la recolocación.

El propio CCGSC indica que la duración máxima de dicho proceso formativo será de 20 horas y que debe adecuarse al puesto, nivel, función y grupo profesional, constituyendo requisito básico de acceso a la recolocación que la formación resulte necesaria.

En el Anexo XVI, que es el modelo de la propuesta de recolocación, se hace referencia concreta a la posibilidad de exigir:

- Formación en materia de prevención de riesgos laborales (PRL):
- Formación inicial de 8 horas lectivas.
- Formación por puesto de trabajo o por oficio (p.ej. responsables de obra y técnicos de ejecución, mandos intermedios, administrativos), de 20 horas.

y se establece que debe marcarse qué formación en PRL resulta necesaria para el acceso al nuevo puesto.

El Libro Segundo, Título III del Convenio, regula de manera exhaustiva los ciclos de formación mínima en PRL sectorialmente exigibles según el puesto u oficio, y queda claro que la posesión de dicha formación es un requisito habilitante e imprescindible en el sector ante cualquier cambio de puesto, obra o función.

En conclusión, **el proceso de formación previo a la recolocación puede incluir, pero no se limita ni se identifica automáticamente, con la formación en PRL a la**

que se refiere el CCGSC, debiendo analizarse en cada caso cuáles son las competencias y conocimientos precisos para el adecuado desempeño en el nuevo puesto, incluyendo la formación en prevención si es exigible según la naturaleza del trabajo a desarrollar.

7.
PARADIGMA EN LA CONTRATACIÓN DENTRO DEL SECTOR DE LA CONSTRUCCIÓN TRAS LA REFORMA LABORAL 2021-2022

Como hemos ido desgranando a lo largo de la obra, el contrato indefinido adscrito a obra debe emplearse para la prestación de servicios ligados a la ejecución y finalización de una obra específica, cuyas condiciones de extinción y recolocación están reguladas de modo concreto en el convenio y la legislación aplicable al sector.

Dentro del nuevo paradigma de contratación que se ha establecido tras la reforma laboral de 2021-2022, el sector de la construcción se encuentra con la limitación en la utilización de la contratación temporal, la obligación de potenciar la figura del fijo discontinuo y la posibilidad de recurrir a las empresas de trabajo temporal. Analizamos cada aspecto en relación con la figura del contrato indefinido adscrito a obra.

‖ 1. Contratos fijos de plantilla

Este contrato es el que conciertan empresa y trabajador/a para la prestación laboral de éste/a en la empresa por tiempo indefinido. Esta será la **modalidad normal de contratación a realizar** por empresas y trabajadores/as en todos los centros de trabajo de carácter permanente.

‖ 2. ¿Cuándo debe utilizarse la figura de fijo discontinuo?

El contrato fijo-discontinuo está previsto para atender necesidades productivas que se repiten de forma cíclica, intermitente o periódica pero no permanente ni continua en el tiempo. Es típico de contratas, subcontratas, concesiones administrativas u otras actividades en las que la prestación de servicios queda supeditada a la existencia de campañas, proyectos u obras concretas, que requieren trabajadores en ciertos periodos y prescinden de ellos durante los periodos de inactividad.

El actual VII CGSC lo regula específica en su artículo 26:

- Debe formalizarse por escrito.

- Debe reflejar los elementos esenciales de la actividad, con una aproximación sobre la duración y distribución de la jornada, y los mecanismos de llamamiento.

- El trabajador es llamado cada vez que la actividad lo requiera, pasando a periodo de inactividad entre campañas u obras, causándose baja en la Seguridad Social durante estos periodos.

  » Llamamiento: El trabajador es llamado a la actividad cada vez que la empresa requiere su servicio, conforme a la necesidad de la empresa en la provincia. El orden de llamamiento se fija por criterios objetivos (área funcional, antigüedad, etc.) en el convenio colectivo aplicable.

  » Inactividad: Entre periodos de actividad, el trabajador pasa a situación de inactividad y causa baja en la Seguridad Social, pero mantiene el vínculo laboral, pudiendo ser llamado nuevamente dentro de un plazo máximo fijado en convenio colectivo aplicable.

- Existe una bolsa sectorial de empleo gestionada por la Fundación Laboral de la Construcción para la recolocación durante los periodos de inactividad, lo que permite a otras empresas contratarlos durante esas inactividades.

- Finalizado el periodo de actividad sin un nuevo llamamiento, el trabajador tiene derecho a una cuantía compensatoria («fin de llamamiento»).

Utilización adecuada: para actividades reiteradas en el tiempo pero no de necesidad continuada para la empresa (por ejemplo, campañas de conservación de infraestructuras, determinadas obras recurrentes, etc.). No se utiliza cuando la relación laboral esté vinculada a la ejecución de una obra concreta que cuando finalice se extingue el contrato por causas intrínsecas del sector.

CUESTIONES

1. ¿Qué diferencia existe entre el contrato fijo discontinuo y el indefinido adscrito a obra?

El **indefinido adscrito a obra** implica dedicación continuada a una o varias obras concretas, y su extinción está ligada al final de la participación en las obras y a la posibilidad de recolocación; la vinculación se mantiene mientras haya obras a las que recolocar al trabajador.

El **fijo-discontinuo** implica prestaciones de servicios en **periodos cíclicos o discontinuos** y se «activa» o «llama» al trabajador según las necesidades productivas. El trabajador puede alternar periodos de actividad y de inactividad donde mantiene el vínculo, pero no permanece constantemente prestando servicios.

El tratamiento indemnizatorio, la gestión de la inactividad entre periodos y la existencia de bolsas de empleo sectoriales son otras diferencias.

2. ¿Sería posible concertar un contrato indefinido adscrito a obra fijo discontinuo?

Tanto el CCGSC como distintos convenios colectivos aplicables al sector publicados tras la reforma laboral 2021-2022 regulan ambas modalidades contractuales sujetas a regulación, requisitos y naturaleza jurídica diferenciada y específica. Por lo tanto, no parece jurídicamente viable celebrar un contrato que acumule ambas condiciones («indefinido adscrito a obra» y «fijo-discontinuo»), debiendo optarse por una de las modalidades contractuales previstas conforme a la naturaleza y necesidades del puesto y de la actividad. No obstante, el art. 16 del convenio colectivo del sector construcción y obras públicas de Madrid (código n.º 28001055011982) (BOE 09/11/2024) flexibiliza esta situación al regular lo que podrían entenderse como un régimen jurídico fusionado entre ambas figuran denominado «contratos fijos-discontinuos adscritos a una o varias obras»

«4. En los casos de contratos fijos-discontinuos adscritos a una o varias obras, cuando se produzca la finalización de ésta o éstas, entendida como tal la terminación real, verificable y efectiva de los trabajos a realizar en la misma o mismas, o cuando la realización paulatina de las correspondientes unidades de obra hagan innecesario el número de las personas trabajadoras contratadas para su ejecución, los contratos de trabajo fijo-discontinuos se interrumpirán, pasando las personas trabajadoras a período de inactividad, causando baja en la Seguridad Social.

Los contratos fijos-discontinuos no adscritos a una o varias obras se interrumpirán cuando desaparezca la necesidad que motivó su llamamiento, pasando las personas trabajadoras a período de inactividad, causando baja en la Seguridad Social.

5. Si el fin del llamamiento coincidiese con la terminación de la actividad, entendida ésta en los términos del apartado anterior, y no se produjese, sin solución de continuidad, un nuevo llamamiento, la empresa satisfará a la persona trabajadora una cuantía por fin de llamamiento del 5,5 por ciento calculada sobre los conceptos salariales de las tablas del Convenio aplicables devengados durante el último período de actividad.

Estando en período de inactividad, y dentro de los siguientes veinticinco meses al inicio de dicho período, podrá extinguirse el contrato por dimisión de la persona trabajadora, teniendo derecho ésta a percibir una cuantía del 1,5 por ciento calculada sobre los conceptos salariales de las tablas del presente Convenio devengados durante el último período de actividad.

Asimismo, el contrato de trabajo podrá extinguirse de común acuerdo a partir del vigesimoquinto mes, percibiendo la persona trabajadora una cuantía del 1,5 por ciento calculada sobre los conceptos salariales de las tablas del Convenio aplicables devengados durante el último período de actividad».

3. ¿Cuándo puede recurrirse a un contrato de duración determinada?

Con carácter general el CCGSC remite a lo establecido en el artículo 15 del Estatuto de los Trabajadores a la hora de regular la utilización de los contratos de duración determinada **por circunstancias de la producción, así como de sustitución**, con el personal no afectado por los contratos indefinidos adscritos a obra.

Estos contratos deberán realizarse siempre por escrito, presumiéndose indefinidos en caso contrario. Asimismo, es habitual encontrar en los distintos convenios sectoriales la obligación de las empresas afectadas de notificar a los representantes de los/as trabajadores/as la realización de dichos contratos, así como las circunstancias que se han tenido en cuenta para efectuar los mismos.

Otra característica del sector, aplicable a los contratos de duración determinada «por circunstancias de la producción» y de «puesta a disposición» es el establecimiento de una cuantía indemnizatoria equivalente al 7 % calculada sobre los conceptos salariales de las tablas del convenio que resulte aplicable.

Supuestos en que puede recurrirse a un contrato de duración determinada por circunstancias de producción en el sector de la construcción

» Para atender circunstancias de la producción: cuando existen incrementos ocasionales e imprevisibles, o picos de actividad que generan una acumulación de tareas, siempre que no puedan atenderse con la plantilla habitual de la empresa.

» No procede para la actividad estructural o permanente: este contrato solo puede utilizarse para "necesidades ocasionales" debidamente justificadas, y no para atender la actividad ordinaria u objeto permanente de la empresa.

» Duración máxima: puede celebrarse por la duración necesaria para atender la circunstancia, con una duración máxima de un año. Si se concierta por menos de doce meses, se puede prorrogar una sola vez, sin superar en total el año de duración.

» Indemnización al finalizar el contrato: el trabajador tendrá derecho, al finalizar, a una indemnización de carácter no salarial del 7 % calculada sobre los conceptos salariales de las tablas del convenio aplicable durante la vigencia del contrato, siempre respetando la cuantía legal [actualmente recogida en el apdo. 1.c) del artículo 49 del ET].

» Prohibición de fraude: estos contratos no pueden usarse para cubrir necesidades permanentes ni para puestos que deberían ser fijos, salvo aquellos picos temporales de trabajo claramente justificados.

» Se aplican formalidades y controles legales: deben quedar claramente identificadas la causa que justifica la contratación, el periodo de actividad y el puesto a desempeñar.

Utilización adecuada: el contrato de duración determinada en el sector de la construcción solo puede utilizarse, de acuerdo con la normativa legal y convencional, para necesidades ocasionales y justificadas por circunstancias de la producción, nunca para la cobertura de actividad estructural u ordinaria, debiendo respetarse en todo caso los límites de duración, la justificación documental y la indemnización específica que establece el CGSC

Supuestos en que puede recurrirse a un contrato de sustitución en el sector de la construcción

Por lo general el contrato de sustitución no se regula de forma específica en los convenios del sector, pero sí se encuentra implícitamente reconocido a través de la remisión a las modalidades previstas en el Estatuto de los Trabajadores (E.T.) y en la normativa vigente.

En consecuencia, puede recurrirse a un contrato de sustitución conforme al régimen general laboral cuando se dé alguna de las siguientes circunstancias:

- Para sustitución de:
  - » Un trabajador/a con derecho a reserva del puesto de trabajo (por ejemplo, en las situaciones de incapacidad temporal, nacimiento, adopción, guarda con fines de adopción, riesgo durante el embarazo o lactancia, excedencia u otras causas de suspensión específicas reguladas en el artículo 45 del ET).
  - » Trabajadores/as que soliciten jornadas reducidas o excedencias reguladas legal o convencionalmente.
- Duración: El contrato puede celebrarse por un máximo de un año. Si se pacta una duración inferior, puede prorrogarse una sola vez, sin superar el límite máximo de 12 meses.
- Indemnización: A la finalización del contrato por circunstancias de la producción, el trabajador tiene derecho a una indemnización de 7 % de los conceptos salariales establecidos en las tablas del convenio aplicable, devengados durante la vigencia del contrato.

Utilización adecuada: el contrato de sustitución puede celebrarse en el sector de la construcción siempre que se den los supuestos previstos en el E.T. (artículo 15.3 y concordantes) y para la cobertura temporal del puesto de trabajo de una persona con derecho a reserva del mismo, en los términos y condiciones que exige la legislación general laboral. El contrato debe precisar de manera clara la causa de la sustitución y delimitar el periodo de cobertura.

4. ¿Cuándo puede recurrirse a un contrato de puesta a disposición con una ETT?

Conforme a lo regulado en el Convenio Colectivo General del Sector de la Construcción (artículo 24.2 y Anexo VII), las empresas del sector pueden recurrir a un contrato de puesta a disposición con una Empresa de Trabajo Temporal (ETT) únicamente en aquellos puestos de trabajo o tareas que no estén prohibidos o limitados por razones de seguridad y salud. Esta modalidad debe ajustarse a lo dispuesto en la Ley 14/1994, de 1 de junio, de empresas de trabajo temporal, y demás normativa vigente.

Únicamente puede recurrirse a un contrato de puesta a disposición con una ETT cuando el puesto a cubrir no esté comprendido en los listados de puestos absolutamente limitados (prohibición total) ni se trate de tareas en las que concurran riesgos especialmente graves (limitación relativa), conforme a los criterios y listados del Anexo VII del convenio. Para todos los contratos permitidos deberán respetarse escrupulosamente las condiciones de equiparación, formación, prevención y retribución indicadas en el convenio y en la legislación sobre las ETT.

En este caso debemos tener en cuenta:

Limitaciones y prohibiciones

- » Puestos absolutamente prohibidos: el Anexo VII del convenio establece una lista cerrada de puestos para los que está absolutamente prohibido recurrir a ETT a través de contrato de puesta a disposición (por ejemplo: encargado capataz, jefe de laboratorio, artillero, cantero, determinadas tareas de soldadura, entre otros). La justificación es que estos trabajos presentan una especial peligrosidad para la seguridad y salud del trabajador.

» Puestos relativamente prohibidos: otros puestos pueden ser limitados de forma relativa: sólo se admitirá el contrato de puesta a disposición cuando en el puesto a cubrir NO concurran riesgos especiales para la seguridad y salud, definidos tales como trabajos con riesgos graves de sepultamiento, exposición a agentes químicos o biológicos especialmente graves, exposición a radiaciones ionizantes, trabajos subacuáticos, uso de explosivos, trabajos en altura, manipulación de elementos prefabricados pesados, entre otros supuestos detallados en el propio Anexo.

| **Condiciones para contratos de puesta a disposición**

Cuando sea legalmente admisible recurrir a una ETT y no concurran los supuestos excluidos o limitados indicados, se deben cumplir, entre otras, las siguientes condiciones (artículo 24.2 del VII CGSC):

» Condiciones esenciales de trabajo y empleo: el trabajador cedido debe tener las mismas condiciones que tendrían los trabajadores de plantilla para el mismo puesto según el convenio aplicable de la empresa usuaria. La empresa usuaria es responsable de transmitir a la ETT las condiciones retributivas y de seguridad aplicables y debe asegurarse de que la persona contratada reúne los requisitos de formación exigidos en el sector.

» Retribución: debe recibir la remuneración establecida en el convenio sectorial aplicable a la empresa usuaria por el puesto para el que es cedido.

» Indemnización al finalizar el contrato: tendrá derecho, si el contrato es temporal, a la indemnización prevista legalmente (el convenio prevé una indemnización económica al finalizar del 7 % sobre los conceptos salariales del convenio devengados, salvo que por ley corresponda otra), que podrá ser prorrateada durante el contrato.

» Formación en prevención de riesgos laborales y Tarjeta Profesional de la Construcción: el trabajador debe contar con la formación preventiva necesaria para el puesto y, cuando proceda, la Tarjeta Profesional de la Construcción.

» Equiparación en derechos de acceso y protección: debe tener acceso a los mismos servicios e instalaciones comunes que los trabajadores de la plantilla y recibir formación e información en materia de prevención de riesgos laborales.

Utilización adecuada: únicamente cuando el puesto a cubrir no esté comprendido en los listados de puestos absolutamente limitados (prohibición total) ni se trate de tareas en las que concurran riesgos especialmente graves (limitación relativa), conforme a los criterios y listados del Anexo VII del convenio. Para todos los contratos permitidos deberán respetarse escrupulosamente las condiciones de equiparación, formación, prevención y retribución indicadas en el convenio y en la legislación sobre las ETT.

8.
FINIQUITO DE LA RELACIÓN LABORAL Y CONTRATO INDEFINIDO DE OBRA EN LA CONSTRUCCIÓN

El finiquito es el documento que la empresa entrega al trabajador al término de la relación laboral, donde se liquidan todas las cantidades adeudadas. Sirve como constancia del pago de conceptos salariales y extrasalariales generados hasta el momento de la extinción del contrato.

La correcta confección del finiquito y la extinción de los contratos indefinidos adscritos a obra en el sector de la construcción están sujetos a una estricta regulación convencional y legal, debiendo utilizar modelos oficiales, respetar los derechos y procedimientos de información, recolocación y formación, y garantizar la correcta liquidación de todas las cantidades debidas al trabajador.

‖ 1. Características del finiquito en el sector de la construcción

La confección del recibo de finiquito por la extinción de la relación laboral en el sector de la construcción debe seguir rigurosamente los pasos y requisitos recogidos en el artículo 99 y en el Anexo III del VII Convenio General del Sector de la Construcción.

1. **Utilizar el modelo establecido en el CCGSC:** debe usarse el modelo de recibo de finiquito que figura como anexo III del CCGSC. Este documento debe ser expedido por la organización patronal correspondiente, numerado, sellado y fechado. La Confederación Nacional de la Construcción lo suministrará a las organizaciones patronales provinciales.

El documento es válido sólo durante los quince días naturales siguientes a la fecha de expedición.

2. **Comunicación del cese o preaviso:** cualquier comunicación de cese o preaviso debe ir acompañada de una propuesta de finiquito en el modelo indicado. Si el documento sirve como propuesta, no será necesario cumplimentar la parte posterior a la fecha y lugar.

3. **Cumplimentación del recibo:** el recibo deberá contener los datos del trabajador/a, la empresa, la fecha de inicio y fin de la relación laboral, la categoría y la cantidad recibida en concepto de liquidación.

El trabajador/a debe firmar que queda totalmente liquidado y no tiene nada más que reclamar a la empresa.

4. Contenido típico: en el sector de la construcción el finiquito habitualmente incluye:

- Salario base pendiente de abono.
- Pluses de actividad y otros complementos (ejemplo del supuesto: plus de actividad y plus extrasalarial).
- Partes proporcionales de pagas extraordinarias (Navidad, verano o las de convenio, prorrateadas o no).
- Vacaciones no disfrutadas y devengadas hasta la fecha de baja.

5. Firma y validez: el documento debe ser firmado por el trabajador. No es obligatorio que conste la firma de testigos o la presencia de representantes legales de los trabajadores, salvo previsión en el convenio colectivo o pacto expreso, aunque se recomienda para reforzar su validez.

- Para que el recibo tenga plenos efectos liberatorios, debe ir sellado y firmado por la organización empresarial correspondiente y no ser una copia, sino un original. Tal como expone la STSJ de Madrid n.º 36/2024, de 10 de enero del 2024, ECLI:ES:TSJM:2024:125, el valor liberatorio del finiquito depende de la claridad de la declaración de voluntad del trabajador y de la ausencia de vicios en el consentimiento.
- La fórmula «se reconoce saldado y finiquitado por todos los conceptos» es genérica y solo produce efecto extintivo respecto de las cantidades efectivamente abonadas y de cuya percepción no existe controversia.
- Si en el finiquito no aparecen ciertos conceptos (por ejemplo, paga extra, vacaciones…), podrán ser reclamados con posterioridad salvo que quede acreditada su liquidación efectiva.
- Es aconsejable para ambas partes conservar copia del finiquito, y en caso de entrega en efectivo, recabar la acreditación de la percepción de tales sumas.

6. Casos especiales: en caso de baja voluntaria del trabajador, no son aplicables los apartados relativos a la presencia de la organización patronal.

2. Recordatorio de las peculiaridades en el caso de extinción del contrato indefinido adscrito a obra

La extinción del contrato indefinido adscrito a obra en el sector de la construcción (regulado en el artículo 25 del Convenio y conforme a la Ley 32/2006, disposición adicional tercera) exige los siguientes pasos específicos:

1. Finalización de la obra: la empresa debe comunicar la finalización de la obra al trabajador y a la representación legal de los trabajadores con una antelación de 5 días antes de la efectividad de esta, además de a la comisión paritaria del convenio correspondiente.

2. Oferta de recolocación (obligatoria): antes de la extinción, la empresa debe ofrecer por escrito al trabajador recolocación en otra obra, detallando condiciones, lugar, fecha y, si procede, acciones formativas necesarias (hasta 20 horas según los anexos XII y XVI).

El trabajador debe responder en 7 días. El silencio se considera rechazo.

3. Extinción por causas inherentes al trabajador: la extinción puede producirse si el trabajador rechaza la recolocación, si no hay obras en la provincia adecuadas a su perfil o si no tiene la cualificación, aun después de formación.

La extinción debe notificarse con 15 días de antelación (o abonar este plazo) y por escrito.

4. Indemnización: la extinción «por motivos inherentes al trabajador» da derecho a indemnización del 7 % de los conceptos salariales de las tablas del convenio aplicable durante toda la vigencia del contrato.

5. Documentación obligatoria: es recomendable la utilización del modelo de cláusula anexa que figura en el Anexo XVI del Convenio para la comunicación y aceptación de la propuesta de recolocación/extinción.

6. Formalización del finiquito: una vez cumplidos los pasos anteriores, se debe proceder al pago y firma del recibo de finiquito por el trabajador, conforme a lo estipulado en el punto 1 de esta respuesta.

|| 3. Observaciones importantes

El modelo de finiquito es de uso obligatorio y cualquier incumplimiento puede afectar a la validez liberatoria del documento. Suele ser habitual la oposición de los trabajadores a la plena eficacia liberatoria del finiquito apoyada en que no se empleó el modelo oficial del sector.

En contratos indefinidos adscritos a obra, deben cumplirse escrupulosamente los protocolos de comunicación, recolocación y formación que exige el CCGSC, así como respetar las formalidades de indemnización y plazos.

Se advierte que el simple recibo o finiquito, incluso firmado, puede no entenderse como plenamente liberatorio si no engloba todos los conceptos salariales devengados en el periodo, particularmente los de devengo mensual propios del sector de la construcción (salario base, pluses, etc.).

La eficacia liberatoria de los finiquitos en el sector se limita exclusivamente a los conceptos que consten expresamente reconocidos, y sólo por los importes efectivamente abonados y acreditados. Así, los importes no expresamente detallados quedan fuera, pudiendo ser reclamados posteriormente. (STSJ de Andalucía n.º 2344/2024, de 4 de septiembre de 2024, ECLI:ES:TSJAND:2024:13528).

JURISPRUDENCIA

STS, rec. 2253/2013, de 3 de diciembre de 2014, ECLI:ES:TS:2015:3279

El Tribunal Supremo entiende que el finiquito puede tener eficacia liberatoria y extintiva si incorpora una voluntad clara, está exento de vicios y versa sobre las cantidades líquidas efectivamente debidas; sin embargo, su alcance debe individualizarse atendiendo a la declaración de voluntad, el contexto y el control judicial de las circunstancias y del acuerdo, interpretando el contenido conforme a la intención real de las partes. Respecto al finiquito y la extinción del contrato de trabajo el TS viene reiterando los siguientes puntos:

- Identificación y naturaleza del finiquito: tradicionalmente, el finiquito suponía la formalización de la finalización de la relación laboral por mutuo acuerdo, aunque en la actualidad abarca cualquier forma de extinción de la relación laboral seguida de un acuerdo entre empresario y trabajador, pudiendo formalizarse tanto tras un despido como en otros supuestos de extinción del contrato.

- Voluntad extintiva: para que el finiquito produzca efectos extintivos del contrato, debe incorporar una voluntad inequívoca y clara del trabajador de aceptar la extinción o una transacción en la que se acepte el cese acordado por el empresario. Es decir, no basta con una declaración genérica, sino que debe haber una manifestación clara de voluntad [art. 49.1.a) del Estatuto de los Trabajadores y art. 1262 del Código Civil].

- Eficacia liberatoria: el valor liberatorio del finiquito depende del alcance de la declaración de voluntad y de la ausencia de vicios en su formación. Hay que distinguir entre la simple constancia y conformidad a una liquidación de lo que es aceptación de la extinción de la relación laboral. La aceptación de pagos pendientes no implica, por sí sola, conformidad con la decisión extintiva.

- Control judicial: el finiquito, como acto jurídico, está sujeto a control judicial. Este control recae sobre los elementos esenciales del pacto, la existencia de mutuo acuerdo, la causa y el objeto. Si concurre cualquier defecto en la voluntad, objeto o causa, puede perder su eficacia liberatoria (art. 1261 del Código Civil).

- Interpretación conforme a la intención de las partes: las fórmulas empleadas en el finiquito deben interpretarse siguiendo las reglas del Código Civil (especialmente, art. 1281 y 1289), valorando la verdadera intención de las partes y evitando entender comprendidos derechos no relacionados con la controversia concreta que da origen al finiquito.

- Límites a la eficacia liberatoria: la eficacia liberatoria no es absoluta ni automática, como si la fórmula de «saldo y finiquito» tuviese un carácter sacramental; deriva de las circunstancias de cada caso y de la voluntad real expresada en el documento.

ANEXO I.
CASOS PRÁCTICOS

Caso práctico | Cálculo del 7 % de indemnización en contratos indefinidos de obra

La indemnización es el 7 % de los conceptos salariales devengados, excluyendo pluses extrasalariales, para contratos indefinidos adscritos a obra.

PLANTEAMIENTO

La indemnización por extinción de un contrato indefinido adscrito a obra se calcula conforme al artículo 25 del Convenio General del Sector de la Construcción para los años 2022-2026, donde se establece una indemnización del 7 % sobre los conceptos salariales establecidos en las tablas del convenio colectivo devengados durante toda la vigencia del contrato.

Supongamos que un trabajador comienza a prestar servicios en una empresa constructora el 1 de enero de 2024 y la relación laboral finaliza el 30 de junio de 2025 por extinción del contrato indefinido adscrito a obra, por causas previstas en el convenio. El trabajador tiene la categoría profesional de Oficial 2.ª y le resultan de aplicación las siguientes retribuciones anuales conforme a las tablas del convenio:

- Año 2024: salario base, plus de asistencia, vacaciones y pagas extraordinarias suman un total anual de 18.751,23 €.
- Año 2025: salario base, plus de asistencia, vacaciones y pagas extraordinarias suman un total anual de 19.313,77 €.

De acuerdo con la regulación del convenio colectivo provincial de construcción, las percepciones salariales serían el salario base, el plus de asistencia, la retribución de vacaciones, y las pagas extraordinarias, mientras que el plus de transporte se considera extrasalarial.

- ¿Cómo se calcula la indemnización en caso de extinción?

RESPUESTA

Teniendo en cuenta los conceptos salariales del convenio (excluyendo pluses extrasalariales como el de transporte), y realizando el prorrateo y sumatorio por los periodos devengados, podríamos calcular la indemnización de la siguiente forma:

Determinar los **días efectivamente trabajados** en cada año:

- **Año 2024:** desde el 1 de enero hasta el 31 de diciembre: 365 días.
- **Año 2025:** desde el 1 de enero hasta el 30 de junio: 181 días (primer semestre).

Prorratear el salario anual correspondiente al periodo trabajado en 2025:

- 19.313,77 € / 365 días * 181 días = 9.575,35 €.

Sumar los conceptos salariales devengados en ambos periodos:

- Total conceptos salariales devengados: 18.751,23 € (2024) + 9.575,35 € (primer semestre 2025) = 28.326,58 €.

Calcular el **7 % sobre el total:**

- 28.326,58 € * 7 % = **1.982,86 €.**

La indemnización por finalización del contrato indefinido adscrito a obra en este ejemplo ascendería a **1.982,86 euros.**

Caso práctico | Despido improcedente por no ofrecer recolocación tras finalizar un contrato indefinido adscrito a obra

Análisis de despido improcedente por omitir la recolocación y formación del trabajador tras finalizar un contrato indefinido adscrito a obra.

PLANTEAMIENTO

El trabajador, Don Pedro López, fue contratado por la empresa "Construcciones XYZ S.A." mediante un contrato indefinido adscrito a obra, con fecha de inicio el 1 de marzo de 2022. El objeto del contrato era la ejecución de las obras del "Proyecto de Rehabilitación de Edificios Públicos 2022-2023", con una duración prevista de 18 meses. Don Pedro desempeñaba funciones de peón de obra, realizando tareas de albañilería, pintura y mantenimiento general.

El 15 de enero de 2023, la empresa notificó a Don Pedro la extinción de su contrato con efectos a partir del 1 de febrero de 2023, alegando la finalización de las obras. Sin embargo, Don Pedro no recibió ninguna propuesta de recolocación ni se le ofreció formación para su posible reubicación en otras obras de la empresa.

Don Pedro decide presentar una demanda por despido improcedente, argumentando que la empresa no cumplió con las obligaciones establecidas en la normativa vigente para la extinción de contratos indefinidos adscritos a obra.

- 1. Si la empresa no ofrece formación para la reubicación en otras obras, ¿el despido del trabajador con contrato indefinido adscrito a obra será considerado improcedente?
- 2. El trabajador tiene 8 años de antigüedad y un salario anual de 24.000 euros, ¿Qué diferencias existirán entre la indemnización por despido improcedente y la de extinción del contrato indefinido adscrito a obra?

RESPUESTA

1. Si la empresa no ofrece formación para la reubicación en otras obras, ¿el despido del trabajador con contrato indefinido adscrito a obra será considerado improcedente?

Según la normativa vigente, los contratos indefinidos adscritos a obra están regulados por la disposición adicional tercera de la Ley 32/2006, de 18 de octubre, reguladora de la subcontratación en el sector de la construcción. Esta disposición establece que dichos contratos deben estar vinculados a tareas o servicios relacionados con obras de construcción y que, al finalizar la obra, la empresa tiene la obligación de efectuar una propuesta de recolocación al trabajador, previo desarrollo de un proceso de formación si es necesario.

- **Obligación de recolocación**: la empresa "Construcciones XYZ S.A." no cumplió con la obligación de proponer una recolocación a Don Pedro ni le ofreció formación para su reubicación en otras obras. Esta omisión constituye una infracción de la normativa aplicable, lo que invalida la extinción del contrato por finalización de obra.

- **Despido improcedente:** en virtud de lo anterior, la extinción del contrato de Don Pedro debe considerarse un despido improcedente. La empresa no siguió el procedimiento legalmente establecido para la extinción de contratos indefinidos adscritos a obra, lo que implica que el cese no es ajustado a derecho.

El despido de Don Pedro López debe ser declarado improcedente, y la empresa «Construcciones XYZ S.A.» debe optar entre readmitir al trabajador en su puesto de trabajo, abonándole los salarios dejados de percibir desde la fecha del despido hasta la notificación de la sentencia, o indemnizarle con una cantidad equivalente a treinta y tres días de salario por año de servicio, prorrateándose por meses los períodos inferiores a un año, hasta un máximo de veinticuatro mensualidades.

2. El trabajador tiene 8 años de antigüedad y un salario anual de 24.000 euros, ¿Qué diferencias existirán entre la indemnización por despido improcedente y la de extinción del contrato indefinido adscrito a obra?

La diferencia en la indemnización entre un despido improcedente y la extinción de un contrato indefinido adscrito a obra es significativa. En el caso de despido improcedente, la indemnización sería de 17.358 euros, mientras que en la extinción del contrato indefinido adscrito a obra sería de 13.440 euros.

Despido improcedente:

En el caso de un despido improcedente, la indemnización que corresponde al trabajador es de treinta y tres días de salario por año de servicio, prorrateándose por meses los períodos inferiores a un año, con un máximo de veinticuatro mensualidades.

Para un trabajador con 8 años de antigüedad y un salario anual de 24.000 euros, el cálculo sería el siguiente:

- Salario diario: 24.000 euros / 365 días = 65,75 euros.
- Indemnización por año: 33 días x 65,75 euros = 2.169,75 euros.
- Indemnización total: 2.169,75 euros x 8 años = **17.358 euros.**

Extinción de contrato indefinido adscrito a obra:

Para calcular la indemnización por la extinción de un contrato indefinido adscrito a obra según lo establecido en la Disposición Adicional 3.ª de la Ley 32/2006, se debe aplicar el 7 % sobre los conceptos salariales establecidos en las tablas del convenio colectivo que resulte de aplicación y que hayan sido devengados durante toda la vigencia del contrato.

Para el mismo trabajador con 8 años de antigüedad y un salario anual de 24.000 euros, el cálculo sería:

- Salario anual: 24.000 euros.
- Años de antigüedad: 8 años.
- Salario total: 24.000 euros x 8 años = 192.000 euros.
- Porcentaje de indemnización: 7 %.
- Indemnización total: 192.000 euros x 7 % = **13.440 euros.**

Caso práctico | ¿Existe derecho automático a indemnización si la extinción del contrato indefinido por motivos inherentes a la persona trabajadora en el sector de la construcción se considera ajusta a derecho?

PLANTEAMIENTO

El albañil trabajó desde junio de 2021 mediante contrato de obra o servicio determinado en un centro de trabajo. El contrato se transformó a indefinido por aplicación de la reforma laboral 2021-2022 consignándose ese mismo centro de trabajo.

El 7 de marzo de 2024 el albañil fue cesado alegando la empresa fin de la obra para la que había sido contratado e inexistencia de otras obras en la provincia en la que pudiera recolocarse.

En la demanda presentada se impugnó el cese como despido improcedente, por tener contrato indefinido, y además se reclamaron los salarios pendientes, aunque no la indemnización por cese del 7 % según la Ley de subcontratación.

- Si en un procedimiento de despido se desestima la pretensión de despido improcedente y la extinción por motivos inherentes a la persona trabajador se considera ajustada a derecho: ¿tiene derecho a percibir automáticamente la indemnización aparejada a esa causa de extinción?

RESPUESTA

Sí, el trabajador tiene derecho a percibir automáticamente la indemnización correspondiente a la causa de extinción si la extinción es ajustada a derecho, incluso aunque no la haya solicitado expresamente.

Conforme a lo dispuesto en la STSJ de Canarias n.º 19/2025, de 17 de enero del 2025, ECLI:ES:TSJICAN:2025:665, cuando en un procedimiento de despido se desestima la pretensión de despido improcedente y la extinción por motivos inherentes a la persona trabajadora se considera ajustada a derecho, el trabajador tiene derecho a percibir automáticamente la indemnización aparejada a esa causa de extinción.

La sentencia, citando doctrina jurisprudencial (STS, rec. 997/2017, de 28 de marzo de 2019, ECLI:ES:TS:2019:1282 y STS, rec. 3214/2020, de 1 de junio de 2022, ECLI:ES:TS:2022:2251), indica claramente que: «(...) la sentencia desestimatoria de la demanda implica el derecho del trabajador, que ve desestimada su pretensión de despido improcedente, a lucrar la indemnización aparejada a la naturaleza de la causa de extinción... sin que quepa apreciar incongruencia si la sentencia reconoce, incluso de oficio, dicha indemnización».

Esta doctrina se fundamenta en que, al ser la extinción del contrato ajustada a derecho y llevar legalmente aparejada una indemnización concreta (en este caso, la prevista en el artículo 25 del convenio colectivo aplicable: el 7 % de los conceptos salariales), el trabajador tiene derecho a la misma, aunque no la hubiera reclamado expresamente en la demanda y debe ser reconocida de oficio si no consta su abono.

Caso práctico | ¿Cómo debe actuar la empresa para finalizar un contrato indefinido adscrito a obra si el trabajador está de baja?

PLANTEAMIENTO

El Sr. Luis venía prestando servicios como peón de la construcción mediante un contrato indefinido adscrito a obra.

El día 22 de junio de 2025 inició un proceso de incapacidad temporal derivada de contingencias comunes como consecuencia de la fractura de un tobillo.

El día 12 de septiembre de 2025 la empresa pretende dar por finalizada la obra para cuya realización fue contratado.

Con el preaviso establecido (15 días antes de la finalización de la obra) serán cesados también otros cuatro trabajadores más por la misma causa.

- ¿Cómo debe actuar la empresa para finalizar un contrato indefinido adscrito a obra si el trabajador está en IT?

RESPUESTA

Con carácter general, la circunstancia de incapacidad temporal no deriva automáticamente en la nulidad del despido, no obstante, como es sabido, la Ley 15/2022, de 12 de julio prohíbe la discriminación por motivos médicos y los despidos durante una baja médica pueden ser considerados discriminatorios y, por tanto, nulos (art. 55.5 del ET). A raíz de esta norma se ha elevado sustancialmente la conflictividad en torno a los despidos de las personas trabajadoras en situación de incapacidad temporal.

La empresa debe notificar la finalización de la obra, proponer —a pesar de la IT— a una recolocación adecuada, y en caso de no ser posible, proceder a la extinción del contrato con la correspondiente indemnización, asegurando que la causa de la extinción no sea la situación de IT del trabajador. Debe tener presente:

- **Finalización de la obra:** la empresa debe notificar la finalización de la obra en la que el trabajador presta servicios. Esta notificación debe ser real, verificable y efectiva, y debe ser puesta en conocimiento de la representación legal de los trabajadores con una antelación de cinco días a su efectividad.

- **Propuesta de recolocación:** la empresa está obligada a efectuar una propuesta de recolocación al trabajador. Esta propuesta debe ser formalizada por escrito y anexada al contrato de trabajo, especificando las condiciones esenciales, la ubicación de la nueva obra y la fecha de incorporación, así como las acciones formativas necesarias para ocupar el nuevo puesto. El trabajador tiene un plazo de siete días para aceptar o rechazar la propuesta.

- **Inexistencia de obras acordes:** si no existen otras obras en la provincia acordes a la cualificación profesional del trabajador, la empresa puede proceder a la extinción del contrato. Esta situación debe ser notificada al trabajador con una antelación de quince días a su efectividad.

- **Indemnización:** la extinción del contrato dará lugar a una indemnización del siete por ciento calculada sobre los conceptos salariales establecidos en las tablas del convenio colectivo que resulte de aplicación y que hayan sido devengados durante toda la vigencia del contrato.

- **No discriminación por IT:** la jurisprudencia establece que la enfermedad o incapacidad temporal no se considera automáticamente un factor de discriminación. La extinción del contrato por causa de finalización de obra y no por la situación de IT del trabajador no incurre en violación del derecho a la igualdad y no discriminación. En casos de alegación de discriminación en una eventual reclamación por parte de la persona trabajadora, corresponderá a la empresa justificar objetivamente la medida adoptada.

La empresa debe probar que el despido obedece a causas objetivas y no discriminatorias para evitar la nulidad del mismo. En un supuesto similar al planteado, la **STSJ de Canarias n.º 299/2024, de 10 de abril de 2024, ECLI:ES:TSJICAN:2024:1109**, validó el cese del trabajador indefinido adscrito a obra al probarse la finalización de la obra, la imposibilidad de recolocación y la extinción del contrato de otros compañeros.

Caso práctico | Subrogación en contrato indefinido adscrito a obra en construcción

PLANTEAMIENTO

El contrato indefinido adscrito a obra del sector de la construcción, ¿permite que los trabajadores mantengan esa condición en casos de sucesión o subrogación empresarial?

RESPUESTA

La subrogación del contrato por otra empresa implica la continuidad de la relación laboral bajo las mismas condiciones y debiendo respetar lo establecido en la D.A. 3.ª de la Ley 32/2006, de 18 de octubre. La subrogación en el contexto citado implica que la nueva empresa adjudicataria de la obra o servicio debe asumir las relaciones laborales existentes, manteniendo las condiciones laborales y derechos adquiridos por los trabajadores. Esto se alinea con lo dispuesto en el artículo 44 del Estatuto de los Trabajadores, que regula la sucesión de empresa y garantiza la continuidad de las relaciones laborales en caso de cambio de titularidad de la empresa, centro de trabajo o unidad productiva autónoma. (STSJ de Madrid n.º 971/2023, de 3 de noviembre, ECLI:ES:TSJM:2023:11767).

> **JURISPRUDENCIA**
>
> **STS, rec. 3781/2020, de 28 de enero de 2022**
>
> «(...) tanto el propio concepto de subrogación cuanto su regulación, inclusive al amparo de normas de la Unión Europea, exigen que el nuevo empleador se subrogue en las relaciones laborales de carácter fijo sin alterar esa condición", así como que "cuando una Administración Pública se subroga, por transmisión de empresa, en un contrato de trabajo que tenía carácter fijo debe mantenerse esa condición. Es inadecuado aplicar en este caso la categoría de personal indefinido no fijo, so pena de desconocer las exigencias derivadas de la Directiva 2001/23/CE».

Caso práctico | Aplicación de los criterios de prioridad en la extinción de un contrato indefinido adscrito a obra

PLANTEAMIENTO

Una empresa constructora, una vez finalizada una obra en la provincia de Madrid, debe recolocar a sus trabajadores con contrato indefinido adscrito a obra en una nueva obra. Sin embargo, tras analizar las necesidades de personal en el mismo área funcional, nivel, función, grupo profesional y características (según Anexos X y XI), detecta que hay un exceso de trabajadores cualificados para cubrir los puestos disponibles de «Oficial de 1ª de albañilería» (Grupo profesional 4, área funcional «Producción y actividades asimiladas», nivel VIII).

Los trabajadores afectados son:

- D. Juan Pérez: 10 años de antigüedad en la empresa, 6 años de experiencia como oficial de 1ª en obras similares.

- D. Pedro Gómez: 8 años de antigüedad en la empresa, 8 años de experiencia directa como oficial de 1ª en ese puesto.

- D. Luis Martín: 8 años de antigüedad en la empresa, 6 años de experiencia como oficial de 1ª en obras similares.

Solo existe una vacante de oficial de 1ª de albañilería en la nueva obra.

- 1. ¿Cómo se debe aplicar el criterio de prioridad para la extinción de los contratos indefinidos adscritos a obra por motivos inherentes a la persona trabajadora? ¿Qué pasaría si dos trabajadores tuviesen los mismos años de experiencia directa?

- 2. ¿Cómo puede reflejar por escrito la empresa esta situación?

RESPUESTA

1. ¿Cómo se debe aplicar el criterio de prioridad para la extinción de los contratos indefinidos adscritos a obra por motivos inherentes a la persona trabajadora? ¿Qué pasaría si dos trabajadores tuviesen los mismos años de experiencia directa?

La extinción del contrato recaerá sobre aquellos trabajadores con menor tiempo de experiencia específica en el puesto a cubrir en la nueva obra y, en caso de igualdad, sobre el de menor antigüedad en la empresa, siempre dentro de la misma área funcional, nivel, función, grupo profesional y características definidas en los anexos X y XI del CCGSC. De acuerdo con el artículo 17 del Convenio Colectivo del Sector de Construcción y Obras Públicas de la Comunidad de Madrid (código número 28001055011982), la extinción de los contratos indefinidos adscritos a obra por motivos inherentes a la persona trabajadora puede producirse, entre otros supuestos, cuando la cualificación de la persona trabajadora, incluso tras un proceso de formación o recualificación, no sea adecuada a las nuevas obras que tenga la empresa en la misma provincia, o no permita su integración en estas por existir un exceso de personas con la cualificación necesaria para desarrollar las mismas funciones.

De esta forma aplicamos los **criterios de prioridad:**

Primer criterio: mayor tiempo de servicio y experiencia en el mismo puesto.

- D. Pedro Gómez acredita 8 años de experiencia directa como oficial de 1ª.
- D. Juan Pérez y D. Luis Martín acreditan sólo 6 años de experiencia directa como oficial de 1ª.

Se prioriza a D. Pedro Gómez (mayor tiempo de experiencia directa en el puesto a cubrir), siendo quien permanece en el puesto y recaería en Juan Pérez y Luis Martín la extinción por orden de experiencia para ese puesto.

Segundo criterio: En caso de empate en experiencia directa, mayor antigüedad en la empresa.

Si, por ejemplo, Juan Pérez y Luis Martín, ambos tuviesen 6 años de experiencia directa como oficial de 1ª, pero Juan Pérez cuenta con 10 años de antigüedad y Luis Martín con 8 años de antigüedad en la empresa, la permanencia se atribuiría a Juan Pérez.

En caso de que dos o más personas trabajadoras cumplan ambos criterios en igualdad, corresponderá a la empresa determinar a quién efectuar la recolocación o extinción.

Así, la empresa debe, al aplicar estos criterios, priorizar primero el tiempo de servicio y experiencia específicos en el puesto a ocupar; si persiste la igualdad, se atenderá a la mayor antigüedad global en la empresa. Solo si tras aplicar ambos existe empate total, la decisión queda en manos de la empresa.

A TENER EN CUENTA. Todo este procedimiento debe realizarse conforme a los requisitos de notificación y preaviso establecidos en el convenio, garantizando la transparencia y derechos de la persona trabajadora.

---

2. ¿Cómo puede reflejar por escrito la empresa esta situación?

Sería recomendable contar con un informe sobre inexistencia de vacantes y aplicación de criterios de prioridad para extinción de contrato indefinido adscrito a obra. En el supuesto planteado el puesto de oficial de 1ª de albañilería implica:

a) Área funcional: Producción y actividades asimiladas.

El trabajo de albañilería está directamente relacionado con la ejecución material de la obra, es decir, pertenece a la producción.

b) Grupo profesional: Grupo 4.

Según el anexo XI, el Grupo 4 incluye, entre otros, el puesto de Oficial de 1ª de oficio (de albañilería, carpintería, etc.).

c) Nivel VIII.

En la tabla de encuadramiento (anexo XI), el oficial de 1ª de oficio dentro del grupo 4 de producción se encuentra en el nivel VIII.

d) Función: Oficial de 1ª de albañilería.

Realiza trabajos cualificados en la ejecución de muros, tabiques, revestimientos, colocación de ladrillos y otros elementos de fábrica, siguiendo los planos técnicos y las órdenes de trabajo del encargado.

e) Características del grupo profesional (Grupo 4):

- **Criterios generales:** requiere conocimientos técnicos y prácticos avanzados del oficio, con cierta autonomía, pudiendo coordinar pequeños grupos de trabajadores de menor cualificación.

- **Formación:** se recomienda Educación Secundaria Obligatoria o Formación Profesional de grado medio, o bien experiencia amplia acreditada en el oficio.

- **Tareas habituales:** organizar y ejecutar trabajos propios del oficio (albañilería), interpretar planos sencillos, manejar herramientas y equipos del oficio, elaborar elementos y piezas a instalar en la obra, y colaborar en la formación de aprendizajes y ayudantes.

Lo recomendable, ante el vacío de la norma, sería dejar dejar constancia, a efectos del cumplimiento del artículo 25.5 del VII Convenio General del Sector de la Construcción (CCGSC), de que en la provincia sólo existe una única vacante de Oficial de 1ª de albañilería para ser cubierta en las obras en curso y, por tanto, se hace necesario aplicar los criterios de prioridad o permanencia en situación de exceso de personal homologable en cualificación profesional, nivel, función y grupo profesional.

Informe sobre inexistencia de vacantes y aplicación de criterios de prioridad para extinción de contrato indefinido adscrito a obra

Empresa: [DENOMINACIÓN SOCIAL].

CIF: [CIF].

Provincia: [PROVINCIA].

Fecha: [FECHA].

Objeto:

Este informe tiene como finalidad dejar constancia, a efectos del cumplimiento del artículo 25.5 del VII Convenio General del Sector de la Construcción (CCGSC), de que en la provincia de [Provincia] sólo existe una única vacante de Oficial de 1ª de albañilería para ser cubierta en las obras en curso y, por tanto, se hace necesario aplicar los criterios de prioridad o permanencia en situación de exceso de personal homologable en cualificación profesional, nivel, función y grupo profesional.

Personal afectado:

Trabajador/a 1: D. Juan Pérez Gómez

- Categoría: Oficial de 1ª de albañilería
- Área funcional: Producción y actividades asimiladas
- Grupo profesional: 4
- Nivel retributivo: VIII
- Antigüedad en la empresa: 10 años
- - Tiempo de servicio como Oficial de 1ª: 6 años

Trabajador/a 2: D. Pedro López Martínez

- Categoría: Oficial de 1ª de albañilería
- Área funcional: Producción y actividades asimiladas
- Grupo profesional: 4
- Nivel retributivo: VIII

- Antigüedad en la empresa: 8 años
- Tiempo de servicio como Oficial de 1ª: 6 años

Homologación de cualificación profesional, nivel, función y grupo profesional

Revisado el anexo X y XI del CCGSC, ambos trabajadores tienen acreditadas idénticas área funcional, grupo profesional, nivel retributivo y función desempeñada, y, por tanto, resultan homólogos a estos efectos.

Situación de vacantes en las obras de la provincia

En la fecha actual sólo existe una vacante disponible de Oficial de 1ª de albañilería en la obra [NOMBRE O IDENTIFICACIÓN DE LA NUEVA OBRA]. No existen más vacantes acordes al perfil ni previsión razonable de apertura de nuevas plazas en las obras en ejecución dentro de la provincia.

Aplicación de los criterios de prioridad (art. 25.5 CCGSC)

De conformidad con el artículo 25.5 del CCGSC, dentro del misma área funcional, grupo profesional, nivel y función, los criterios de prioridad para la permanencia son:

Mayor tiempo de servicio y experiencia en la empresa para el mismo puesto a ocupar en la nueva obra.

Mayor antigüedad en la empresa, en caso de empate en el criterio anterior.

Ambos trabajadores acreditan 6 años de experiencia en el puesto de Oficial de 1ª.

Criterio de desempate: Mayor antigüedad en la empresa.

- D. Juan Pérez Gómez: 10 años de antigüedad.
- D. Pedro López Martínez: 8 años de antigüedad.

De acuerdo con el criterio de antigüedad, D. Juan Pérez Gómez tiene prioridad para ocupar la vacante, mientras que D. Pedro López Martínez será objeto de la extinción de su contrato indefinido adscrito a obra por inexistencia de vacante acorde a su cualificación profesional, nivel, función y grupo profesional.

Conclusión

Por todo lo anterior, se procede a documentar lo siguiente:

- En la provincia de [Provincia], sólo existe una vacante de Oficial de 1ª de albañilería en la obra [nombre/identificación].
- Ambos trabajadores reúnen requisitos homogéneos de cualificación profesional, nivel, función y grupo profesional.

Caso práctico | ¿El contrato indefinido adscrito a obras puede ser utilizado por una administración pública?

PLANTEAMIENTO

Un ayuntamiento pretende contratar en virtud de un contrato de trabajo indefinido adscrito a obra a una persona trabajadora como albañil para prestar servicios en diversas obras repartidas por el municipio y que formaron parte del Proyecto de obras en vías públicas y equipamiento de instalaciones municipales que se pretende desarrollar según lo establecido en el art. 232.5 de la Ley 9/2017 de 8 de noviembre de Contratos del Sector Público y que el art. 30.1 apartado g).

La D.A. 3.ª de la Ley 32/2006, de 18 de octubre y el CCGSC restringe el uso del contrato indefinido adscrito a obra a *«(...) tareas o servicios cuya finalidad y resultado estén vinculados a obras de construcción, teniendo en cuenta las actividades establecidas en el ámbito funcional del Convenio General del Sector de la Construcción».*

Bajo el punto de vista del ayuntamiento, aunque no se trata de obras de construcción, el supuesto estaría incluido en la clasificación de obras del citado artículo 232 y podría entenderse dentro del artículo 3.1.a) y b) del convenio general del sector de la construcción que alude a las actividades de construcción y obras públicas, así como a las de conservación y mantenimiento de infraestructuras.

- ¿El contrato indefinido adscrito a obra puede ser válidamente utilizado por una administración pública fuera de los supuestos estrictos que regula la normativa sectorial del ámbito de la construcción?

RESPUESTA

La administración solo podría usar el contrato indefinido adscrito a obra en ámbitos regulados del sector construcción; fuera de ellos, es nulo y fraudulento.

De acuerdo con la STSJ de Madrid n.º142/2025, de 19 de febrero del 2025, ECLI:ES:TSJM:2025:3832, **el contrato indefinido adscrito a obra no puede ser válidamente utilizado por una administración pública fuera de los supuestos estrictos que regula la normativa sectorial del ámbito de la construcción.**

El Tribunal señala que, aunque el ayuntamiento recurrió alegando que la actividad estaba amparada por el régimen previsto para el contrato indefinido adscrito a obra (conforme a la D.A. 3.ª de la Ley 32/2006), ello no resulta aplicable si la relación laboral no está vinculada a «tareas o servicios cuya finalidad y resultado estén vinculados a obras de construcción», debiendo estarse a las actividades comprendidas en el ámbito funcional del Convenio General del Sector de la Construcción.

Tras examinar las funciones efectivamente realizadas por el trabajador, el Tribunal concluye que dichas funciones (labores de bedel, jardinero, limpieza o mantenimiento en instalaciones deportivas municipales) no se corresponden con ninguna de las actividades reguladas por el Convenio General del Sector de la Construcción. Por tanto, «(...) el contrato se celebró en fraude de ley porque no se ha adscrito al actor a ninguna obra de construcción, sino a tareas permanentes y esenciales de las instalaciones deportivas del demandado».

Además, siquiera a efectos dialécticos se entendiera aplicable, el Tribunal remarca que el Ayuntamiento no empleó los trámites previstos en la normativa específica del contrato indefinido adscrito a obra al proceder a la extinción contractual, como la previa oferta de recolocación, resultando el cese igualmente contrario a derecho.

Por tanto, conforme a la fundamentación jurídica y al fallo de la sentencia, el contrato indefinido adscrito a obra NO puede utilizarse por una administración pública fuera del ámbito objetivo y funcional del sector de la construcción definido por su normativa específica y, en el presente caso, su utilización por el Ayuntamiento resultó fraudulenta y nula a estos efectos.

Caso práctico | Comunicaciones necesarias para la extinción de contrato indefinido adscrito a obra en construcción

PLANTEAMIENTO

De acuerdo con el contenido de la D.A. 3.ª de la Ley 32/2006, de 18 de octubre, ¿para la extinción del contrato indefinido adscrito a obra por motivos inherentes a la persona trabajadora en el sector de la construcción qué comunicaciones formales son necesarias?

RESPUESTA

Para cumplir las exigencias legales previstas en la Ley 32/2006, de 18 de octubre, para la extinción de los contratos indefinidos adscritos a obra se requieren al menos cuatro comunicaciones diferenciadas:

- A la representación legal y órganos sindicales sobre la finalización de la obra (cinco días antes).
- A la persona trabajadora con la propuesta de recolocación (quince días antes).
- A la persona trabajadora en caso de extinción del contrato (quince días antes, en determinados supuestos).
- A la representación legal de los trabajadores informando de la extinción (siete días antes).

De acuerdo con la normativa, para la extinción del contrato indefinido adscrito a obra por motivos inherentes a la persona trabajadora en el sector de la construcción, han de realizarse varias comunicaciones formales:

- **Comunicación de la finalización de la obra:** La finalización de la obra debe ser comunicada a la representación legal de las personas trabajadoras (si existe) y a las comisiones paritarias de los convenios de ámbito correspondiente o, en su defecto, a los sindicatos representativos del sector, con cinco días de antelación a su efectividad (art. D.A. 3.ª, punto 3).

- **Propuesta de recolocación:** La empresa debe formalizar por escrito la propuesta de recolocación y presentarla a la persona trabajadora, precisando las condiciones esenciales (ubicación, fecha de incorporación, acciones formativas, etc.), con quince días de antelación a la finalización de su trabajo en la obra actual (art. D.A. 3.ª, punto 4).

- Notificación de la extinción del contrato:
  - Si la extinción se produce por motivos de cualificación no adecuada o inexistencia de obras acordes (apartados b y c), la extinción debe notificarse a la persona trabajadora con quince días de antelación a su efectividad (art. D.A. 3.ª, punto 5).

- Comunicación de la extinción a la representación legal: Debe ponerse en conocimiento de la representación legal de las personas trabajadoras con una antelación de siete días a su efectividad (art. D.A. 3.ª, punto 6).

Caso práctico | ¿Es obligatorio entregar la indemnización al comunicar la extinción de contrato adscrito a obra?

PLANTEAMIENTO

La extinción de los contratos indefinidos adscritos a obra en el sector de la construcción por motivos inherentes al trabajador tiene un régimen indemnizatorio específico. Este consiste en el 7 % de los conceptos salariales establecidos en las tablas del convenio colectivo devengados durante toda la vigencia del contrato.

En el caso de un trabajador al que se le ha comunicado la extinción del contrato sin poner a su disposición la indemnización correspondiente, surge la duda sobre si debe entregarse dicha indemnización de manera simultánea a la comunicación de la extinción, como ocurre en los casos de despido objetivo.

RESPUESTA

Según la normativa sectorial y la D.A. 3.ª de la Ley 32/2006, de 18 de octubre, no es obligatorio poner a disposición del trabajador la indemnización de forma simultánea a la comunicación de la extinción del contrato indefinido adscrito a obra en el sector de la construcción, a diferencia de lo que ocurre en el despido objetivo. Sin embargo, esta extinción está sujeta a otras garantías formales específicas del sector, como la recolocación, la información a la representación legal de los trabajadores y los plazos y formas de preaviso establecidos en la regulación sectorial.

El Convenio General del Sector de la Construcción (CCGSC) establece garantías procedimentales propias, diferenciadas del despido objetivo, tales como:

- La obligación de informar a la representación legal de los trabajadores con siete días de antelación a la efectividad de la extinción.

- En los supuestos previstos la empresa debe notificar la extinción con 15 días de antelación a la persona trabajadora, o bien abonar el salario correspondiente a los días omitidos de preaviso.

- La obligación de realizar previamente una propuesta de recolocación y, en su caso, ofrecer un proceso de formación (requisitos que no existen para el despido objetivo ordinario).

- La extinción se produce tras el rechazo de la recolocación, la inadecuación de la cualificación o la inexistencia de obra adecuada en la provincia.

- La empresa debe liquidar la cantidad de indemnización correspondiente junto con la liquidación por cese y consignarla en el recibo de salario.

Por tanto, en la extinción de estos contratos no existe la obligación sectorial específica de poner a disposición del trabajador la indemnización de forma simultánea al preaviso, tal y como ocurre en el despido objetivo según el apdo. 1.b) del artículo 53 del Estatuto de los Trabajadores. El régimen garantista previsto para este tipo de extinciones sectoriales se articula mediante el preaviso y la liquidación final, no mediante la obligación de simultaneidad en la entrega de la indemnización.

Caso práctico | Extinción de un contrato indefinido adscrito a obra, ¿computa a efectos de despido colectivo?

PLANTEAMIENTO

La extinción de un contrato indefinido adscrito a obra por causa inherente a la personalidad del trabajador, ¿computa a efectos de superar el umbral numérico que implicaría la existencia de un despido colectivo?

RESPUESTA

La extinción del contrato indefinido adscrito a obra por motivos inherentes a la persona trabajadora en el sector de la construcción obedece, principalmente, a causas específicas vinculadas al rechazo de la propuesta de recolocación, la inadecuación de la cualificación profesional a las nuevas obras o la inexistencia de obras acordes a su perfil en la provincia. No obstante, **la normativa y jurisprudencia no mencionan expresamente la consideración de estas extinciones a efectos del cómputo del umbral de despido colectivo regulado en el artículo 51 del Estatuto de los Trabajadores.**

Hay que señalar que, conforme a la regulación introducida por la reforma laboral de 2021-2022 y recogida en la D.A. 3.ª de la Ley 32/2006, de 18 de octubre, la extinción por motivos inherentes a la persona trabajadora presenta un procedimiento, causas y efectos singulares (incluyendo indemnización específica y reconocimiento de situación legal de desempleo), distinguiéndose de la extinción por causas objetivas ordinarias previstas para el despido colectivo.

En consecuencia, y a falta de alguna aclaración jurisprudencial de referencia, las extinciones motivadas por las causas previstas en la citada D.A. 3.ª de la Ley 32/2006 no deben computarse, en principio, a efectos del umbral del despido colectivo al amparo del artículo 51 del Estatuto de los Trabajadores, dado que se trata de una regulación y procedimiento específicos para el sector de la construcción y se apartan de los supuestos de despido colectivo por causas económicas, técnicas, organizativas o de producción. No obstante, **esta cuestión puede resultar controvertida** ya que, ante extinciones similares, como son las extinciones contractuales de mutuo acuerdo (bajas voluntarias incentivadas) —STS, rec. 61/2023, de 19 de septiembre de 2023, ECLI:ES:TS:2023:3812—, por modificación sustancial de las condiciones de trabajo — STJUE n.º C-149/16, de 21 de septiembre de 2017, ECLI:EU:C:2017:708— o las extinciones de contratos producidas por disminución del volumen de la contrata — STS n.º 283/2019, de 4 de abril, ECLI:ES:TS:2019:1574 y reiterando su doctrina la de STS, rec. 148/2019, de 24 de enero de 2020, ECLI:ES:TS:2020:296—, los tribunales han optado por computar las extinciones de contratos producidas para cumplir el umbral numérico del despido colectivo.

En caso de duda en la aplicación práctica o ante situaciones complejas de extinción masiva, sería recomendable analizar la normativa sectorial y, en su defecto, acudir a la jurisprudencia o consultas a la autoridad laboral competente.

Caso práctico | Situación legal de desempleo al rechazar recolocación en contrato indefinido adscrito a obra en la construcción

PLANTEAMIENTO

Un trabajador con contrato indefinido adscrito a obra en el sector de la construcción ha rechazado la oferta de recolocación ofrecida por la empresa. En este caso, la empresa ofreció la posibilidad de recolocación en tiempo y forma, cumpliendo todos los requisitos de la Ley de Subcontratación en el Sector de la Construcción (LSC) y el convenio aplicable.

- ¿Se encontrará en situación legal de desempleo el trabajador con contrato indefinido adscrito a obra si rechaza la propuesta de recolocación efectuada por la empresa? ¿No se trataría de un supuesto similar al rechazo de una prórroga de un contrato temporal?

RESPUESTA

El apartado 1.a).3.° del artículo 267 de la Ley General de la Seguridad Social (LGSS) especifica que los trabajadores afectados por una extinción del contrato por motivos inherentes a su persona se consideran en **situación legal de desempleo**. Por el contrario, si una persona trabajadora rechaza la prórroga del contrato de duración determinada —con distinto régimen jurídico que el contrato indefinido adscrito a obra— no se encontraría en situación legal de desempleo y, por lo tanto, no tendría derecho a prestaciones por desempleo. (STSJ de Andalucía n.° 951/2010, de 18 de marzo de 2010, ECLI:ES:TSJAND:2010:557).

Es decir, la normativa trata la extinción por causas inherentes en los contratos indefinidos adscritos a obra (incluido el rechazo por parte del trabajador de la recolocación propuesta) de forma distan que el rechazo de una prórroga de un contrato temporal.

ANEXO II.
FORMULARIOS

Modelo de aceptación de propuesta de recolocación para contrato indefinido adscrito a obra

Modelo válido para la aceptación por parte de la persona trabajadora con contrato indefinido adscrito a obra de la propuesta de recolocación realizada por parte de la empresa.

Modelo de aceptación de propuesta de recolocación para contrato indefinido adscrito a obra

Datos de la empresa:

- Nombre/Razón social: [NOMBRE EMPRESA].
- CIF: [NÚMERO].
- Domicilio social: [DOMICILIO SOCIAL].

Datos de la persona trabajadora:

- Nombre y apellidos: [NOMBRE PERSONA TRABAJADORA].
- DNI/NIE: [NÚMERO].
- Puesto/Categoría profesional: [ESPECIFICAR].
- Fecha inicio del contrato: [FECHA].
- Referencia: Propuesta de recolocación comunicada por la empresa en fecha [FECHA] respecto a la finalización de la obra [DESCRIPCIÓN]. (1)

DECLARACIÓN DE ACEPTACIÓN DE LA PROPUESTA DE RECOLOCACIÓN

Mediante el presente escrito, **ACEPTO** la propuesta de recolocación realizada por parte de la [NOMBRE EMPRESA], cuyas condiciones esenciales y nueva ubicación se detallan en la cláusula anexa entregada junto a la presente.

Manifiesto haber sido informado/a de: (2)

- La nueva obra o centro de trabajo de incorporación: [ESPECIFICAR].
- La fecha prevista de incorporación: [DÍA]/[MES]/[AÑO].
- Las condiciones esenciales del puesto de trabajo y calendario aplicable.
- Las acciones formativas, en su caso, requeridas para la adaptación al nuevo puesto/oficio: [ESPECIFICAR].

Asimismo, declaro que deseo mantener mi relación laboral con la [NOMBRE EMPRESA] bajo contrato indefinido adscrito a obra, continuando mis servicios en el destino indicado, en los términos comunicados. (3)

En [PROVINCIA], [DÍA] de [MES] de [AÑO].

[FIRMA]

D./Dª [NOMBRE PERSONA TRABAJADORA].

[FIRMA Y SELLO EMPRESA]

La empresa.

---

(1) Identificación de la obra que finaliza.
(2) La propuesta de recolocación prevista en esta disposición será formalizada por escrito mediante una cláusula que se anexará al contrato de trabajo.
Esta cláusula, que deberá precisar las condiciones esenciales, ubicación de la obra y fecha de incorporación a la misma, así como las acciones formativas exigibles para ocupar el nuevo puesto, será sometida a aceptación por parte de la persona trabajadora con quince días de antelación a la finalización de su trabajo en la obra en la que se encuentre prestando servicios.
(3) Se recomienda entregar o remitir una copia firmada por ambas partes al trabajador/a y conservar otra en poder de la empresa.

Modelo de recibo de finiquito de la relación laboral en el sector de la construcción

El recibo de finiquito de la relación laboral entre empresa y persona trabajadora, para que surta plenos efectos liberatorios, deberá ser conforme al modelo que figura como anexo III del CCGSC. Téngase en cuenta la posible existencia de un modelo propio en el convenio colectivo de aplicación a nivel provincial.

Recibo de finiquito de la relación laboral

N.º [NÚMERO].

Recibo de finiquito

D./D.ª [NOMBRE Y APELLIDO DEL TRABAJADOR], que ha trabajado en la Empresa [MERCANTIL] desde [FECHA] hasta [FECHA] con la categoría de [INDICAR], declaro que he recibido de esta, la cantidad de [INDICAR] euros, en concepto de liquidación total por mi baja en la Empresa.

Quedo así indemnizado/a y liquidado/a por todos los conceptos que pudieran derivarse de la relación laboral que unía a las partes y que queda extinguida, manifestando expresamente que nada más tengo que reclamar, estando de acuerdo en ello con la Empresa.

En [LUGAR] a [DIA] de [MES] de [AÑO]

La persona trabajadora,

[FIRMA]

La persona trabajadora [SI/NO] usa de su derecho a que esté en la firma un/una representante legal suya en la empresa, o en su defecto un/una representante sindical de los sindicatos firmantes del presente Convenio.

Este documento tiene una validez de quince días naturales a contar desde la fecha de su expedición.

Expedido por: [NOMBRE DE LA MERCANTIL].

Fecha de expedición: [FECHA].

[SELLO Y FIRMA EMPRESA] (1)

---

(1) Este recibo no tendrá validez sin el sello y firma de la organización empresarial correspondiente o si se formaliza en fotocopia u otro medio de reproducción.

Cláusula anexa al contrato de trabajo indefinido adscrito a obra

La propuesta de recolocación será formalizada por escrito mediante una **cláusula** que se **anexará al contrato de trabajo.** Esta cláusula, que deberá precisar las condiciones esenciales, ubicación de la obra y fecha de incorporación a la misma, así como las acciones formativas exigibles para ocupar el nuevo puesto, será sometida a aceptación por parte de la persona trabajadora con quince días de antelación a la finalización de su trabajo en la obra en la que se encuentre prestando servicios.

Modelo extraído del VII convenio colectivo general del sector de la construcción (Boletín Oficial del Estado n.º 228 de 23/09/2023). Téngase en cuenta que no existe un modelo oficial específico para formalizar un contrato de trabajo indefinido adscrito a obra. Siendo necesario configurar esta situación en las cláusulas del contrato indefinido ordinario.

Cláusula anexa al contrato de trabajo indefinido adscrito a obra

Ley 32/2006, de 18 de octubre, reguladora de la subcontratación en el Sector de la Construcción. Disposición adicional tercera, apartado 4

A) Propuesta de recolocación con preaviso de extinción (con efectos del [DÍA] de [MES] de [AÑO]**) del contrato de trabajo por causas inherentes a la persona trabajadora (marcar la causa con una X):**

[INDICAR] Inexistencia de obras en la provincia en la que está Vd. contratado.

[INDICAR] Inexistencia de obras en la provincia en la que está Vd. contratado acordes con su cualificación profesional, nivel, función y grupo profesional una vez analizada su cualificación o posible recualificación.

[INDICAR] Su cualificación, incluso tras un proceso de formación o recualificación, no resulta adecuada a las nuevas obras que tiene la empresa en la misma provincia.

[INDICAR] Su cualificación, incluso tras un proceso de formación o recualificación, no permite la integración en las nuevas obras que tiene la empresa en la misma provincia por existir un exceso de personas con la cualificación necesaria para desarrollar sus mismas funciones y que tienen prioridad sobre Vd. según los criterios establecidos en el artículo 25.5.b) del Convenio Colectivo General del Sector de la Construcción

B) Propuesta de recolocación efectiva:

1. Condiciones esenciales del puesto en la obra, no recogidas en el contrato de trabajo: [DESCRIPCIÓN]. Será de aplicación el calendario laboral de la provincia; el contrato de trabajo será a tiempo [ESPECIFICAR], el horario de trabajo será el propio de la obra.

2. Ubicación de la obra: la obra se encuentra sita en la localidad de [LOCALIDAD], provincia de [PROVINCIA], en la calle/avenida/camino [DIRECCIÓN] , número [NÚMERO].

3. Fecha de incorporación: la fecha de incorporación será el día [DÍA] de [MES] de [AÑO], a las: [HORA] horas.

4. Acciones formativas necesarias para ocupar el puesto en la indicada obra: según lo dispuesto en el apartado 2 del artículo 25 del Convenio Colectivo General del Sector de la Construcción, las acciones formativas necesarias para ocupar el puesto en la indicada obra son las siguientes (marcar con una X):

[INDICAR] No es exigible ninguna acción formativa para ocupar el nuevo puesto por disponer ya la persona trabajadora de la formación adecuada.

[INDICAR] Formación en materia de prevención de riesgos laborales: formación inicial de 8 horas lectivas.

[INDICAR] Formación en materia de prevención de riesgos laborales: formación por puesto de trabajo o por oficio.

[INDICAR] Formación para responsables de obra y técnicos de ejecución: 20 horas lectivas.

[INDICAR] Formación para mandos intermedios: 20 horas lectivas.

[INDICAR] Formación para administrativos: 20 horas lectivas.

En [LOCALIDAD], a [DÍA] de [MES] de [AÑO].

Recibí: [DÍA] de [MES] de [AÑO].

Fdo.: [SELLO Y FIRMA]

La empresa.

Fdo.: [FIRMA]

La persona trabajadora.

Escrito notificando a la persona trabajadora la extinción del contrato indefinido de obra en el sector de la construcción

Modelo actualizado al art. 25 del VII Convenio colectivo general del sector de la construcción.

[DATOS EMPRESA].

En [CIUDAD], a [DÍA] de [MES] de [AÑO].

A/A [PERSONA TRABAJADORA], D./D.ª [NOMBRE].

Muy señor/a, mío/a:

Por la presente, la dirección de la empresa le comunica con base en el apartado [ESPECIFICAR] de la D.A. 3ª de Ley 32/2006, de 18 de octubre, reguladora de la sub-contratación en el Sector de la Construcción, y artículo 25.5.b) del Convenio Colectivo General del Sector de la Construcción, que se procede a la extinción de su contrato con la antelación legalmente establecida. **(1)**

Tal medida se toma debido a [ESPECIFICAR]. **(2)**

Asimismo, se le hace saber que la indemnización de [CANTIDAD] euros correspondiente se encuentra a su disposición en nuestras oficinas. **(3)**

Sin otro particular, le ruego firme a los efectos oportunos,

Atentamente,

[SELLO Y FIRMA EMPRESA]

La empresa.

Recibí:

[FIRMA]

D./D.ª [PERSONA TRABAJADORA].

(1) La empresa deberá notificar la extinción del contrato a la persona trabajadora afectada con una antelación de quince días a su efectividad. No obstante, la empresa podrá sustituir este preaviso por un importe equivalente a los días de preaviso omitidos calculado sobre los conceptos salariales de las tablas del convenio colectivo que resulte de aplicación, todo ello sin perjuicio de la notificación escrita del cese. El citado importe deberá incluirse en el recibo de salario con la liquidación correspondiente al cese.

(2) La extinción del contrato por motivos inherentes a la persona trabajadora, se podrá realizar conforme a alguna de las siguientes circunstancias (art. 25 del VII convenio colectivo general del sector de la construcción o D.A. 3.ª 5.de Ley 32/2006, de 18 de octubre):

a) La persona trabajadora afectada rechaza la recolocación.

b) Inexistencia de obras en la provincia en la que está Vd. contratado.

c) Inexistencia de obras en la provincia en la que está Vd. contratado acordes con su cualificación profesional, nivel, función y grupo profesional una vez analizada su cualificación o posible recualificación.

d) Su cualificación, incluso tras un proceso de formación o recualificación, no resulta adecuada a las nuevas obras que tiene la empresa en la misma provincia.

e) Su cualificación, incluso tras un proceso de formación o recualificación, no permite la integración en las nuevas obras que tiene la empresa en la misma provincia por existir un exceso de personas con la cualificación necesaria para desarrollar sus mismas funciones y que tienen prioridad sobre Vd. según los criterios establecidos en el artículo 25.5.b) del convenio colectivo general del sector de la construcción.

(3) Téngase en cuenta que la extinción de este tipo de contrato dará lugar a una indemnización del 7 % calculada sobre los conceptos salariales establecidos en las tablas del convenio colectivo que resulte de aplicación y que hayan sido devengados durante toda la vigencia del contrato, o la superior establecida por el Convenio General del Sector de la Construcción.

Escrito de notificación de extinción de contrato de trabajo indefinido adscrito a obra en el sector de la construcción (exceso de personas con la cualificación necesaria para desarrollar las mismas funciones)

Se comunica al trabajador la extinción del contrato al finalizar la obra por falta de vacantes, incluyendo indemnización conforme al convenio colectivo.

En [LOCALIDAD], a [DÍA] de [MES] de [AÑO].

[DATOS EMPRESA].

A la Att. de D./D.ª [NOMBRE_PERSONA_TRABAJADORA]

Muy Sr./Sra. nuestro/a:

Nos ponemos en contacto con Ud. con la finalidad de comunicarle que, de acuerdo con lo establecido en la Disposición Adicional 3ª de la Ley 32/2006, de 18 de octubre, reguladora de la subcontratación en el Sector de la Construcción, con fecha [FECHA] procederemos a extinguir el contrato de trabajo adscrito a la obra sita en [ESPECIFI-CAR], suscrito por ambas partes el día [FECHA], registrado en la oficina de Empleo de internet contrat@, con el número [NÚMERO], el día [FECHA].

Los servicios propios de su categoría como [CATEGORÍA PROFESIONAL], en la obra en la que usted presta servicios finalizan el día [FECHA] y, respecto a su contrato, concurren causas de extinción por motivos inherentes a la persona trabajadora por las siguientes circunstancias: **No es posible su integración en las nuevas obras que la empresa tiene en la provincia, por existir un exceso de personas con la cualificación necesaria para desarrollar sus mismas funciones.**

Junto con la presente carta, le adjuntamos en documento anexo, la correspondiente propuesta de finiquito. Se incluye la indemnización en cuantía equivalente al siete por ciento de todos los conceptos salariales establecidos en las tablas del convenio colectivo de aplicación y que se han devengado durante toda la vigencia del contrato. (1)

Rogamos firme en la copia de la presente en señal de haber quedado notificado/a.

Atentamente,

[SELLO Y FIRMA EMPRESA]

La empresa.

Recibí

[FIRMA]

D./D.ª [NOMBRE PERSONA TRABAJADORA].

(1) O la superior establecida por el Convenio General del Sector de la Construcción.

Escrito de notificación de extinción de contrato de trabajo indefinido adscrito a obra en el sector de la construcción (rechazo de propuesta realizada por la empresa)

Modelo de notificación de extinción de contrato indefinido adscrito a obra por rechazo de recolocación, reflejando la existencia de preaviso e indemnización establecida según la D.A. 3.ª de la Ley 32/2006, de 18 de octubre.

En [LOCALIDAD], a [DÍA] de [MES] de [AÑO].

[DATOS EMPRESA].

A la Att. de D./D.ª [NOMBRE_PERSONA_TRABAJADORA]

Muy Sr./Sra. nuestro/a:

Nos ponemos en contacto con usted con la finalidad de comunicarle que, de acuerdo con lo establecido en la Disposición Adicional Tercera de la Ley 32/2006, de 18 de octubre, reguladora de la subcontratación en el Sector de la Construcción, con fecha [FECHA] procederemos a extinguir de trabajo adscrito a obra, suscrito por ambas partes el [FECHA] ante el **rechazo de nueva colocación por su parte.**

Como usted sabe le fue realizada una propuesta de recolocación, precisando las condiciones esenciales, ubicación de la obra y fecha de incorporación a la misma, así como las acciones formativas exigibles para ocupar el nuevo puesto, a cargo de la empresa; **sometiéndola a su aceptación con quince de antelación a la finalización de su trabajo en la obra en la que se encuentra usted prestando servicios** (1). La obra en la que usted presta servicios situada en [ESPECIFICAR] (2) finaliza el día [FECHA] y, respecto a su contrato, concurren causas de extinción por motivos inherentes a la persona trabajadora por las siguientes circunstancias:

- La inexistencia en la provincia en la que usted está contratado de obras de la empresa acordes a su calificación profesional, nivel, función y grupo profesional una vez analizada su cualificación o posible recualificación.

La presente comunicación respeta el plazo de preaviso de quince días a su efectividad. Con la misma adjuntamos, en documento anexo, la correspondiente propuesta de finiquito.

Se incluye la indemnización en cuantía equivalente al siete por ciento de todos los conceptos salariales establecidos en las tablas del convenio colectivo de aplicación y que se han devengado durante toda la vigencia del contrato (o la superior establecida por el Convenio General del Sector de la Construcción).

Aprovechamos para recordarle que en el momento del a firma del finiquito tiene derecho a estar asistido por un representante de los trabajadores, habiéndosele remitido copia del presente escrito al mismo, con una antelación de siete días a su efectividad.

Rogamos firme en la copia de la presente en señal de haber quedado notificado/a.

Atentamente,

[SELLO Y FIRMA EMPRESA]

La empresa.
Recibí

[FIRMA]

D./D.ª [NOMBRE PERSONA TRABAJADORA].

---

(1) En el supuesto especial de contrato indefinido es el del contrato indefinido adscrito a obra del sector de la construcción previsto en la Disposición Adicional Tercera de la Ley 32/2006, de 18 de octubre, reguladora de la subcontratación en el Sector de la Construcción y en el artículo 25 del VII Convenio Colectivo General del Sector de la Construcción, contrato que tiene como objeto las tareas o servicios cuya finalidad y resultado estén vinculados a obras de construcción, teniendo en cuenta las actividades establecidas en el ámbito funcional del antes referido convenio colectivo. A la finalización de la obra la empresa debe efectuar una propuesta de recolocación a la persona trabajadora, previo desarrollo, si es preciso, de un proceso de formación a cargo de la empresa, que puede realizarse directamente o a través de entidad especializada, preferentemente la Fundación Laboral de la Construcción.
(2) Identificación de la obra que finaliza.

Comunicación a la RLT del cumplimiento empresarial de formalizar una cláusula de recolocación en el contrato indefinido de obra en la construcción

Se propone un formulario indicando a la representación legal de las personas trabajadores el cumplimiento de los requisitos establecidos por la D.A. 3.ª de la Ley 32/2006, de 18 de octubre y del convenio colectivo general del sector de la construcción en la materia. Téngase en cuenta la obligación de comunicar el preaviso por finalización de obra a la representación legal de las personas trabajadoras.

En [PROVINCIA], a [DIA] de [MES] de [AÑO].

[DATOS EMPRESA].

A/A de la representación de las personas trabajadoras de [NOMBRE EMPRESA].

Muy señores/as nuestros/as:

Por la presente se le comunica, en cumplimiento de lo establecido en la disposición adicional tercera de la Ley 32/2006, de 18 de octubre, reguladora de la subcontratación en el sector de la construcción y del art. 25 del convenio colectivo general del sector de la construcción, que, con motivo de la entrada en vigor de los cambios normativos relacionados con el contrato de trabajo indefinido adscrito a obra, desde este momento, todos los contratos de este tipo irán acompañados de la cláusula anexa en la materia según el convenio colectivo general del sector de la construcción. (1)

Atentamente

[SELLO Y FIRMA EMPRESA]

La empresa.

Recibí y conforme:

[FIRMA]

D./D.ª [NOMBRE REPRESENTANTE PERSONAS TRABAJADORAS].

---

(1) El anexo XVI del VII convenio colectivo general del sector de la construcción (BOE n.º 228 de 23/09/2023) contiene el modelo de «Cláusula anexa al contrato de trabajo indefinido adscrito a obra» siguiendo lo establecido en la D.A. 3.ª.4 de la Ley 32/2006, de 18 de octubre.

Carta de preaviso por finalización de obra a la representación legal de las personas trabajadoras

La Ley 32/2006, de 18 de octubre, establece que, con 15 días de antelación a la finalización de la obra, la empresa debe presentar una propuesta de recolocación a la persona trabajadora, por escrito. Del mismo modo, la finalización de la obra debe ser comunicada a los representantes de las personas trabajadoras con 5 días de antelación a su efectividad y dará lugar a la propuesta de recolocación.

El presente modelo permite la comunicación a la representación legal de las personas trabajadoras de la finalización de una obra a los efectos de la D.A. 3.ª.3 de la Ley 32/2006, de 18 de octubre.

En [PROVINCIA], a [DÍA] de [MES] de [AÑO]. **(1)**

[DATOS EMPRESA]**.**

A/A de la representación de las personas trabajadoras de [NOMBRE EMPRESA] y de la comisión paritaria del convenio colectivo de [ESPECIFICAR]. **(2)**

Muy señores/as nuestros/as:

Por la presente se le comunica, en cumplimiento de lo establecido en la disposición adicional tercera de la Ley 32/2006, de 18 de octubre, reguladora de la subcontratación en el Sector de la Construcción y del art. 25.3 del convenio colectivo general del sector de la construcción, **la finalización de la obra** [DESCRIPCIÓN] **con fecha** [FECHA]. **(1)**

La causa que motiva la finalización de esta obra es [ESPECIFICAR CAUSA DE EXTINCIÓN]. **(3)**

Pone esta empresa, asimismo, en su conocimiento que, de acuerdo con lo establecido en la citada normativa, mediante la cláusula anexada al contrato de trabajo firmado en su momento por los trabajadores afectados, la propuesta de recolocación ha sido sometida a aceptación por parte de las personas trabajadoras con quince días de antelación a la finalización de su trabajo en la obra en la que se encuentran prestando servicios. **(4)**

Atentamente

[SELLO Y FIRMA EMPRESA]

La empresa.

 Recibí y conforme:

[FIRMA]

D./D.ª [NOMBRE REPRESENTANTE PERSONAS TRABAJADORAS].

(1) La finalización de la obra deberá ser puesta en conocimiento de la representación legal de las personas trabajadoras y de las comisiones paritarias de los convenios del ámbito correspondiente con cinco días de antelación a su efectividad y dará lugar a la propuesta de recolocación prevista en la D.A. 3.ª de la Ley 32/2006, de 18 de octubre.

(2) En defecto de estos órganos la comunicación se realizará a los sindicatos representativos del sector.

(3) Se entenderá por finalización de las obras y servicios la terminación real, verificable y efectiva de los trabajos desarrollados por la persona trabajadora. Asimismo, tendrán la consideración de finalización de obra la disminución real del volumen de obra por la realización paulatina de las correspondientes unidades de ejecución debidamente acreditada, así como la paralización, definitiva o temporal, de entidad suficiente, de una obra, por causa imprevisible para la empresa y ajena a su voluntad.

(4) La propuesta de recolocación será formalizada por escrito mediante una cláusula que se anexará al contrato de trabajo. Esta cláusula, que deberá precisar las condiciones esenciales, ubicación de la obra y fecha de incorporación a la misma, así como las acciones formativas exigibles para ocupar el nuevo puesto, será sometida a aceptación por parte de la persona trabajadora con quince días de antelación a la finalización de su trabajo en la obra en la que se encuentre prestando servicios.

Escrito por parte de la persona trabajadora rechazando la propuesta de recolocación en contrato indefinido de obra en el sector de la construcción

La extinción del contrato indefinido adscrito a obra por motivos inherentes a la persona trabajadora en el sector de la construcción, conforme a la disposición adicional tercera de la Ley 32/2006, de 18 de octubre, impone a la empresa la obligación de realizar una propuesta de recolocación al trabajador al finalizar una obra. Esta propuesta debe incluir las condiciones esenciales, la ubicación y la fecha de incorporación, dejando al trabajador la decisión de aceptarla o rechazarla libremente.

En caso de rechazo, el trabajador deberá notificarlo por escrito a la empresa en un plazo de 7 días desde que tenga conocimiento de la comunicación. Si no lo hace, se entenderá que la propuesta ha sido rechazada y, por lo tanto, el contrato indefinido adscrito a obra se extinguirá por motivos inherentes a la persona trabajadora, notificándose a la representación de los trabajadores y dando lugar a una indemnización del 7 % calculada sobre los conceptos salariales establecidos en las tablas del convenio colectivo.

Se pone a disposición el formulario de rechazo de propuesta de recolocación al trabajador siguiendo el art. 25 del VII Convenio colectivo general del sector de la construcción.

D./D.ª [PERSONA TRABAJADORA].

En [LOCALIDAD], a [DÍA] de [MES] de [AÑO].

A/A de [NOMBRE EMPRESA].

Estimados Señores/as:

D./D.ª [NOMBRE TRABAJADOR/A] con DNI [NÚMERO], trabajador/a de la empresa, por la presente y en virtud de la propuesta de recolocación y formación ofrecida (1) el día [FECHA] para [OBRA/LUGAR] ,dentro del plazo de 7 días conferido para ello, les manifiesto mi disconformidad y, por lo tanto, el **RECHAZO** a la misma con las consecuencias legales (2) establecidas en el apartado 5 a) de la disposición adicional 3ª del Ley 32/2006, de 18 de octubre, reguladora de la subcontratación en el sector de la construcción.

[FIRMA]

Fdo.: D./D.ª [PERSONA TRABAJADORA].

---

(1) El trabajador deberá notificar por escrito a la empresa la aceptación o rechazo de la propuesta en el plazo de 7 días desde que tenga conocimiento de la comunicación empresarial.

Transcurrido dicho plazo sin contestación se entenderá que la persona trabajadora rechaza la propuesta de recolocación.

(2) La consecuencia legal del rechazo a la propuesta de recolocación ofrecida por la empresa una vez que se finaliza la obra, es la extinción del contrato, así se establece en el apartado 5ª de la D.A.3ª de la LSC y art. 25 del VII convenio colectivo general del sector de la construcción: «5. Una vez efectuada la propuesta de recolocación, el contrato indefinido adscrito a obra podrá extinguirse por motivos inherentes a la persona trabajadora cuando se dé alguna de las siguientes circunstancias: a) La persona trabajadora afectada rechaza la recolocación».

Escrito de aceptación por la persona trabajadora de la propuesta de recolocación en contrato indefinido de obra en el sector de la construcción

La disposición adicional tercera de la Ley 32/2006, de 18 de octubre, establece un régimen específico para la extinción del contrato indefinido de obra por motivos inherentes a la persona trabajadora en el sector de la construcción. Cuando finaliza una obra, la empresa debe realizar una propuesta de recolocación al trabajador, indicándole las condiciones esenciales, la ubicación y la fecha de incorporación a la misma, dejando al trabajador la decisión de aceptarla o rechazarla libremente.

En caso de que el trabajador acepte la propuesta, deberá notificarlo por escrito a la empresa en un plazo de 7 días. Si no lo hace, se entenderá que la propuesta ha sido rechazada, y la empresa podrá proceder a la extinción del contrato por motivos inherentes a la persona trabajadora, informando a la representación de los trabajadores y dando lugar a una indemnización del 7 % calculada sobre los conceptos salariales establecidos en las tablas del convenio colectivo.

Se pone a disposición del trabajador el formulario de aceptación y propuesta de recolocación, siguiendo el art. 25 del VII Convenio colectivo general del sector de la construcción.

D./D.ª [PERSONA TRABAJADORA].

En [LOCALIDAD], a [DÍA] de [MES] de [AÑO].

A/A de [NOMBRE EMPRESA].

Estimados Señores/as:

D./D.ª [NOMBRE DEL TRABAJADOR/A] con DNI [NÚMERO], trabajador/a de la empresa, por la presente y en virtud de la propuesta de recolocación y formación ofrecida (1) el [FECHA] para [OBRA/LUGAR] y dentro del plazo de 7 días conferido para ello, les manifiesto mi conformidad y la aceptación a la misma.

[FIRMA]

Fdo.: D./D.ª [PERSONA TRABAJADORA]

---

(1) El trabajador deberá notificar por escrito a la empresa la aceptación o rechazo de la propuesta en el plazo de 7 días desde que tenga conocimiento de la comunicación empresarial. Transcurrido dicho plazo sin contestación se entenderá que la persona trabajadora rechaza la propuesta de recolocación.

Formulario de demanda por despido improcedente en contrato indefinido adscrito a obra

Para solicitar la consideración de la extinción de un contrato indefinido adscrito a obra como despido improcedente, el trabajador debe presentar una demanda por despido, conforme a la modalidad procesal especial de despido regulada en los artículos 103 y siguientes de la Ley 36/2011, de 10 de octubre, Reguladora de la Jurisdicción Social (LRJS).

En dicha demanda, se debe instar al juzgado a que declare que la extinción contractual realizada por la empresa carece de causa suficiente y no se ajusta a las formalidades y garantías exigidas por la normativa laboral y sectorial, en concreto respecto a la obligación empresarial de recolocación o justificación de imposibilidad de esta.

Así, el trabajador debe impugnar la decisión extintiva, considerándola un despido sin justa causa y solicitando expresamente la declaración de improcedencia, con los efectos inherentes (readmisión o indemnización, con abono de salarios de tramitación en su caso).

JUZGADO DE LO SOCIAL/SECCIÓN DE LO SOCIAL DEL TRIBUNAL DE INSTANCIA DE [LOCALIDAD] (1)

D./D.ª [NOMBRE LETRADO], en calidad de letrado/a y representante de D./D.ª [NOMBRE PERSONA TRABAJADORA] representación que acredito mediante copia de escritura de apoderamiento que acompaño, y domicilio a efectos de notificaciones en [DOMICILIO], ante esta sección de lo social del tribunal de instancia, comparece y como mejor proceda en Derecho,

EXPONE

Que mediante el presente escrito formula **DEMANDA POR DESPIDO IMPROCEDENTE** contra la empresa [NOMBRE EMPRESA] con CIF [CIF] y domicilio social en [DOMICILIO SOCIAL], en base a los siguientes hechos y fundamentos de Derecho:

HECHOS

PRIMERO.- El demandante viene prestando servicios para la empresa demandada desde el [DÍA] de [MES] de [AÑO], con la categoría profesional de [CATEGORÍA PROFESIONAL], mediante **contrato indefinido adscrito a obra** para tareas en [DESCRIPCIÓN OBRA O CENTRO DE TRABAJO], percibiendo un salario de [CANTIDAD] euros, incluida la prorrata de pagas extras según [CONVENIO COLECTIVO APLICABLE].

SEGUNDO.- Que con fecha [DÍA] de [MES] de [AÑO] la empresa demandada comunica al trabajador la extinción del contrato por finalización de la obra objeto del contrato referido. (2)

TERCERO.- Que **en la carta de extinción no consta propuesta de recolocación a otra obra o puesto acorde a la cualificación profesional del demandante, ni se acredita la inexistencia de otras obras o vacantes en la provincia**, conforme exige la D.A. 3.ª de la Ley 32/2006 y el artículo 25 del Convenio Colectivo del Sector de la Construcción. (3)

CUARTO.- Que el trabajador tiene conocimiento de que la empresa mantiene actividad en otras obras dentro de la misma provincia y en las que podría ser recolocado en puesto adecuado conforme a su experiencia y categoría.

QUINTO.- Que esta extinción carece de causa legal suficiente y no respeta la garantía de estabilidad prevista en el art. 15 del Estatuto de los Trabajadores y normativa sectorial, por lo que, en consecuencia, la extinción notificada ha de ser considerado como un **supuesto de despido improcedente.** (4)

SEXTO.- Que el suscrito no ocupa ni ha ocupado cargo electivo sindical ni está amparado por garantías sindicales dimanantes del ejercicio de este.

OCTAVO.- Que se ha intentado la conciliación previa ante el Servicio de Mediación Arbitraje y Conciliación, de acuerdo con el artículo 63 de la Ley de la Jurisdicción Social, con el resultado de [ESPECIFICAR], conforme queda acreditado por la certificación que adjunta se acompaña. (5)

FUNDAMENTOS DE DERECHO

I.- Competencia

La competencia para el conocimiento de esta pretensión la ostenta la sección de lo social del tribunal de instancia a la que me dirijo conforme a lo establecido en los artículos 1, 26 y 10 de la Ley 36/2011, de 10 de octubre, reguladora de la Jurisdicción Social (LRJS).

II.- Capacidad, legitimación y representación

Que mi poderdante se encuentra capacitado procesalmente y legitimado en virtud de los artículos 16 y 17 de la LRJS, como también se encuentra asistido y representado por medio de Letrado/a de acuerdo con el artículo 18 de la citada norma.

III.- Procedimiento

El procedimiento a seguir será el previsto en los artículos 103 y siguientes de la Ley de la Jurisdicción Social, relativos a los procesos de despido, interponiendo la presente demanda dentro del plazo legal previsto en el artículo 103 de la citada norma.

IV.- Fondo del asunto

Artículos 15 y 56 del Real Decreto Legislativo 2/2015, de 23 de octubre, por el que se aprueba el Texto Refundido de la Ley del Estatuto de los Trabajadores.

El artículo 56 del Estatuto de los Trabajadores, aprobado por el Real Decreto Legislativo 2/2015, de 23 de octubre, dispone lo siguiente para el caso de que el despido sea considerado improcedente:

> «Cuando el despido sea declarado improcedente, el empresario, en el plazo de cinco días desde la notificación de la sentencia, podrá optar entre la readmisión del trabajador o el abono de una indemnización equivalente a treinta y tres días de salario por año de servicio, prorrateándose por meses los periodos de tiempo inferiores a un año, hasta un máximo de veinticuatro mensualidades. La opción por la indemnización determinará la extinción del contrato de trabajo, que se entenderá producida en la fecha del cese efectivo en el trabajo.
>
> En caso de que se opte por la readmisión, el trabajador tendrá derecho a los salarios de tramitación. Estos equivaldrán a una cantidad igual a la suma de los salarios dejados de percibir desde la fecha de despido hasta la notificación de la sentencia que declarase la improcedencia o hasta que hubiera encontrado otro empleo, si tal colocación fuera anterior a dicha sentencia y se probase por el empresario lo percibido, para su descuento de los salarios de tramitación».

Artículos 103 y siguientes de la Ley Reguladora de la Jurisdicción Social. Prestando especial atención al artículo 110 de la LRJS donde se establece los efectos del despido improcedente:

«Si el despido se declara improcedente, se condenará al empresario a la readmisión del trabajador en las mismas condiciones que regían antes de producirse el despido, así como al abono de los salarios de tramitación a los que se refiere el apartado 2 del artículo 56 del Texto Refundido de la Ley del Estatuto de los Trabajadores o, a elección de aquél, a que le abone una indemnización, cuya cuantía se fijará de acuerdo con lo previsto en el apartado 1 del artículo 56 de dicha Ley, con las siguientes particularidades:

a) En el acto de juicio, la parte titular de la opción entre readmisión o indemnización podrá anticipar su opción, para el caso de declaración de improcedencia, mediante expresa manifestación en tal sentido, sobre la que se pronunciará el juez en la sentencia, sin perjuicio de lo dispuesto en los artículos 111 y 112.

b) A solicitud de la parte demandante, si constare no ser realizable la readmisión, podrá acordarse, en caso de improcedencia del despido, tener por hecha la opción por la indemnización en la sentencia, declarando extinguida la relación en la propia sentencia y condenando al empresario a abonar la indemnización por despido, calculada hasta la fecha de la sentencia.

c) En los despidos improcedentes de trabajadores cuya relación laboral sea de carácter especial, la cuantía de la indemnización será la establecida, en su caso, por la norma que regule dicha relación especial.

2. En caso de que se declarase improcedente el despido de un representante legal o sindical de los trabajadores, la opción prevista en el número anterior corresponderá al trabajador.

3. La opción deberá ejercitarse mediante escrito o comparecencia ante la oficina del Juzgado de lo Social, dentro del plazo de cinco días desde la notificación de la sentencia que declare el despido improcedente, sin esperar a la firmeza de la misma, si fuera la de instancia.

4. Cuando el despido fuese declarado improcedente por incumplimiento de los requisitos de forma establecidos y se hubiese optado por la readmisión, podrá efectuarse un nuevo despido dentro del plazo de siete días desde la notificación de la sentencia. Dicho despido no constituirá una subsanación del primitivo acto extintivo, sino un nuevo despido, que surtirá efectos desde su fecha».

D.A. 3.ª de la Ley 32/2006, de 18 de octubre, reguladora de la subcontratación en el Sector de la Construcción.

«1. Sin perjuicio de lo previsto en la sección 4.ª del capítulo III del título I del Estatuto de los Trabajadores, los contratos de trabajo indefinidos adscritos a obra celebrados en el ámbito de las empresas del sector de la construcción, podrán extinguirse por motivos inherentes a la persona trabajadora conforme a lo dispuesto en la presente disposición, que resultará aplicable con independencia del número de personas trabajadoras afectadas.

Tendrán la consideración de contratos indefinidos adscritos a obra aquellos que tengan por objeto tareas o servicios cuya finalidad y resultado estén vinculados a obras de construcción, teniendo en cuenta las actividades establecidas en el ámbito funcional del Convenio General del Sector de la Construcción.

La extinción regulada en este artículo no resultará aplicable a las personas trabajadoras que formen parte del personal de estructura.

2. La finalización de la obra en la que presta servicios la persona trabajadora determinará la obligación para la empresa de efectuarle una propuesta de recolocación, previo desarrollo, de ser preciso, de un proceso de formación.

Este proceso, que será siempre a cargo de la empresa, podrá realizarse directamente o a través de una entidad especializada, siendo preferente la formación que imparta la Fundación Laboral de la Construcción con cargo a las cuotas empresariales.

La negociación colectiva de ámbito estatal del sector de la construcción determinará los requisitos de acceso, duración y modalidades de formación adecuadas según las cualificaciones requeridas para cada puesto, nivel, función y grupo profesional.

El indicado proceso de formación podrá desarrollarse con antelación a la finalización de la obra.

3. A efectos de lo previsto en esta disposición, se entenderá por finalización de las obras y servicios la terminación real, verificable y efectiva de los trabajos desarrollados por esta.

Asimismo, tendrán la consideración de finalización de obra la disminución real del volumen de obra por la realización paulatina de las correspondientes unidades de ejecución debidamente acreditada, así como la paralización, definitiva o temporal, de entidad suficiente, de una obra, por causa imprevisible para la empresa y ajena a su voluntad.

La finalización de la obra deberá ser puesta en conocimiento de la representación legal de las personas trabajadoras, en su caso, así como de las comisiones paritarias de los convenios de ámbito correspondiente o, en su defecto, de los sindicatos representativos del sector, con cinco días de antelación a su efectividad y dará lugar a la propuesta de recolocación prevista en esta disposición.

4. La propuesta de recolocación prevista en esta disposición será formalizada por escrito mediante una cláusula que se anexará al contrato de trabajo.

Esta cláusula, que deberá precisar las condiciones esenciales, ubicación de la obra y fecha de incorporación a la misma, así como las acciones formativas exigibles para ocupar el nuevo puesto, será sometida a aceptación por parte de la persona trabajadora con quince días de antelación a la finalización de su trabajo en la obra en la que se encuentre prestando servicios.

5. Una vez efectuada la propuesta de recolocación, el contrato indefinido adscrito a obra podrá extinguirse por motivos inherentes a la persona trabajadora cuando se dé alguna de las siguientes circunstancias:

a) La persona trabajadora afectada rechaza la recolocación.

b) La cualificación de la persona afectada, incluso tras un proceso de formación o recualificación, no resulta adecuada a las nuevas obras que tenga la empresa en la misma provincia, o no permite su integración en estas, por existir un exceso de personas con la cualificación necesaria para desarrollar sus mismas funciones.

La negociación colectiva de ámbito estatal del sector correspondiente precisará los criterios de prioridad o permanencia que deben operar en caso de concurrir estos motivos en varias personas trabajadoras de forma simultánea en relación con la misma obra.

c) La inexistencia en la provincia en la que esté contratada la persona trabajadora de obras de la empresa acordes a su cualificación profesional, nivel, función y grupo profesional una vez analizada su cualificación o posible recualificación.

En el supuesto a) anterior, la persona trabajadora deberá notificar por escrito a la empresa la aceptación o rechazo de la propuesta en el plazo de siete días desde que tenga conocimiento de la comunicación empresarial. Transcurrido dicho plazo sin contestación se entenderá que la persona trabajadora rechaza la propuesta de recolocación.

En los supuestos recogidos en los apartados b) y c) precedentes, la empresa deberá notificar la extinción del contrato a la persona trabajadora afectada con una antelación de quince días a su efectividad.

6. La extinción del contrato indefinido por motivos inherentes a la persona trabajadora deberá ser puesta en conocimiento de la representación legal de las personas trabajadoras con una antelación de siete días a su efectividad y dará lugar a una indemnización del siete por ciento calculada sobre los conceptos salariales establecidos en las tablas del convenio colectivo que resulte de aplicación y que hayan sido devengados durante toda la vigencia del contrato, o la superior establecida por el Convenio General del Sector de la Construcción».

Artículo 25 del VII Convenio Colectivo General del Sector de la Construcción, donde se regula el contrato indefinido adscrito a obra:

«1. El artículo dos del Real Decreto-ley 32/2021, de 28 de diciembre, de medidas urgentes para la reforma laboral, la garantía de la estabilidad en el empleo y la transformación del mercado de trabajo modifica la disposición adicional tercera de la Ley 32/2006, de 18 de octubre reguladora de la subcontratación en el Sector de la Construcción regula la posibilidad de la extinción del contrato indefinido adscrito a obra por motivos inherentes a la persona trabajadora en el sector de la construcción.

De acuerdo con la citada disposición adicional tercera, sin perjuicio de lo previsto en la sección 4.ª del capítulo III del título I del E.T., los contratos de trabajo indefinidos adscritos a obra celebrados en el ámbito de las empresas del sector de la construcción, podrán extinguirse por motivos inherentes a la persona trabajadora conforme a lo dispuesto en el presente artículo, que resultará aplicable con independencia del número de personas trabajadoras afectadas.

Tendrán la consideración de contratos indefinidos adscritos a obra aquellos que tengan por objeto tareas o servicios cuya finalidad y resultado estén vinculados a obras de construcción, teniendo en cuenta las actividades establecidas en el ámbito funcional del presente Convenio.

No es de aplicación la extinción por causas inherentes aquí regulada respecto de las personas trabajadoras que forman parte del personal de estructura. Del mismo modo no será de aplicación para todas aquellas personas trabajadoras con contratos indefinidos suscritos con la empresa con anterioridad al 31 de diciembre de 2021. En estos supuestos la finalización de la relación laboral se regirá por las condiciones generales previstas en el E.T.

2. La finalización de la obra en la que presta servicios la persona trabajadora determinará la obligación para la empresa de efectuarle una propuesta de recolocación, previo desarrollo, de ser preciso, de un proceso de formación.

Este proceso será siempre a cargo de la empresa y podrá realizarse directamente o a través de una entidad especializada, siendo preferente la formación que imparta la Fundación Laboral de la Construcción con cargo a las cuotas empresariales. Dicha formación se impartirá dentro de la jornada ordinaria de las personas trabajadoras siempre que las circunstancias organizativas de la empresa lo permitan. Cuando las circunstancias organizativas de la empresa no lo permitan se efectuará fuera de la jornada ordinaria pero el tiempo empleado en las horas efectivas de formación del curso tendrá la consideración de tiempo de trabajo ordinario siendo retribuido a valor de hora ordinaria de la tabla del convenio aplicable o compensado en tiempo de descanso equivalente, no teniendo en ningún caso la consideración de horas extraordinarias.

En el caso de que la recolocación lo requiera, el proceso de formación tendrá una duración de un máximo de 20 horas, según lo previsto en los apartados 1 y

2 del Anexo XII del presente Convenio, y dicho proceso se adecuará al puesto, nivel, función y grupo profesional que corresponda a la persona trabajadora, constituyendo requisito básico de acceso a dicha formación que ésta resulte necesaria en función, tanto de la propuesta formulada como del hecho de que no concurran cualquiera de los motivos de extinción establecidos en el apartado 5 de la disposición adicional tercera de la Ley 32/2006, de 18 de octubre, reguladora de la subcontratación en el Sector de la Construcción.

El indicado proceso de formación podrá desarrollarse con antelación a la finalización de la obra.

3. A efectos de lo previsto en este artículo se entenderá por finalización de las obras y servicios la terminación real, verificable y efectiva de los trabajos desarrollados por la persona trabajadora.

Asimismo, tendrán la consideración de finalización de obra la disminución real del volumen de obra por la realización paulatina de las correspondientes unidades de ejecución debidamente acreditada, así como la paralización, definitiva o temporal, de entidad suficiente, de una obra, por causa imprevisible para la empresa y ajena a su voluntad.

La finalización de la obra deberá ser puesta en conocimiento de la representación legal de las personas trabajadoras, en su caso, así como de las comisiones paritarias de los convenios de ámbito correspondiente o, en su defecto, de los sindicatos representativos del sector, con cinco días de antelación a su efectividad y dará lugar a la propuesta de recolocación prevista en este artículo.

4. La propuesta de recolocación prevista en este artículo será formalizada por escrito mediante una cláusula que se anexará al contrato de trabajo.

Esta cláusula, que deberá precisar las condiciones esenciales, ubicación de la obra y fecha de incorporación a la misma, así como las acciones formativas exigibles para ocupar el nuevo puesto, será sometida a aceptación por parte de la persona trabajadora con quince días de antelación a la finalización de su trabajo en la obra en la que se encuentre prestando servicios.

5. Una vez efectuada la propuesta de recolocación, el contrato indefinido adscrito a obra podrá extinguirse por motivos inherentes a la persona trabajadora cuando se dé alguna de las siguientes circunstancias:

a) La persona trabajadora afectada rechaza la recolocación.

b) La cualificación de la persona afectada, incluso tras un proceso de formación o recualificación, no resulta adecuada a las nuevas obras que tenga la empresa en la misma provincia, o no permite su integración en éstas, por existir un exceso de personas con la cualificación necesaria para desarrollar sus mismas funciones.

Los criterios de prioridad o permanencia que deben operar en caso de existir un exceso de personas con la cualificación necesaria para desarrollar las mismas funciones dentro del mismo área funcional, nivel, función, grupo profesional y características de este (criterios generales, formación y tareas) según lo contenido en el Anexo X y XI del presente convenio general, seguirán el siguiente orden:

A) Persona trabajadora con más tiempo de servicio y experiencia en la empresa para el mismo puesto a ocupar en la nueva obra.

B) Persona trabajadora con más tiempo de antigüedad en la empresa.

c) La inexistencia en la provincia en la que esté contratada la persona trabajadora de obras de la empresa acordes a su cualificación profesional, nivel, función y grupo profesional una vez analizada su cualificación o posible recualificación.

En el supuesto a) anterior, la persona trabajadora deberá notificar por escrito a la empresa la aceptación o rechazo de la propuesta en el plazo de siete días desde que tenga conocimiento de la comunicación empresarial. Transcurrido dicho plazo sin contestación se entenderá que la persona trabajadora rechaza la propuesta de recolocación.

En los supuestos recogidos en los apartados b) y c) precedentes, la empresa deberá notificar la extinción del contrato a la persona trabajadora afectada con una antelación de quince días a su efectividad. No obstante, la empresa podrá sustituir este preaviso por un importe equivalente a los días de preaviso omitidos calculado sobre los conceptos salariales de las tablas del convenio colectivo que resulte de aplicación, todo ello sin perjuicio de la notificación escrita del cese. El citado importe deberá incluirse en el recibo de salario con la liquidación correspondiente al cese.

La extinción del contrato indefinido por motivos inherentes a la persona trabajadora deberá ser puesta en conocimiento de la representación legal de las personas trabajadoras con una antelación de siete días a su efectividad y dará lugar a una indemnización del 7 por ciento calculada sobre los conceptos salariales establecidos en las tablas del convenio colectivo que resulte de aplicación y que hayan sido devengados durante toda la vigencia del contrato».

Los artículos [ART CONVENIO] del convenio colectivo de [CONVENIO APLICACIÓN], señalan [DESCRIPCIÓN].

Por lo expuesto,

SOLICITO A LA SECCIÓN DE LO SOCIAL DEL TRIBUNAL DE INSTANCIA: (1)

Que tenga por presentado este escrito, se sirva admitirlo y, previos los trámites legales oportunos, **dictar sentencia por la que se declare que la extinción contractual comunicada por la demandada constituye un despido improcedente**, condenando a la empresa a la readmisión inmediata del trabajador, con abono de los salarios de tramitación, o en su defecto, al pago de la indemnización legalmente correspondiente.

En [LOCALIDAD], a [DÍA] de [MES] de [AÑO].

[FIRMA]

OTROSÍ DIGO: en la celebración de la vista del juicio, compareceré asistido y defendido por el letrado Sr./Sra. D./D.ª [NOMBRE LETRADO], señalándose a efectos de citaciones y notificaciones el domicilio de este, sito en [DOMICILIO], de acuerdo con el artículo 21 de la LRJS. **(6)**

Por ello,

SUPLICO A LA SECCIÓN DE LO SOCIAL DEL TRIBUNAL DE INSTANCIA: (1)

Tenga por propuesta la anterior y acuerde lo conducente para su práctica.

Por ser justicia, fecha y lugar «ut supra»

[FIRMA]

SEGUNDO OTROSÍ DIGO: que, en fase procesal oportuna, esta parte solicitará como prueba que la empresa aporte toda la documentación relativa a obras en ejecución en la provincia y listados de vacantes existentes desde el cese, así como acredite las comunicaciones o propuestas de recolocación remitidas al trabajador, en virtud de lo dispuesto en la legislación sectorial.

En su virtud,

SUPLICO A LA SECCIÓN DE LO SOCIAL DEL TRIBUNAL DE INSTANCIA: (1)

Tenga por propuesta la anterior y acuerde lo conducente para su práctica.

Por ser justicia, fecha y lugar «ut supra».

[FIRMA]

---

(1) Por la reforma realizada por la LO 1/2025, de 2 de enero, una vez implantados de forma efectiva los tribunales de instancia (D.T. 1.ª), todas las referencias realizadas a los juzgados unipersonales se entenderán realizadas a las secciones del orden jurisdiccional correspondiente de los tribunales de instancia. (D.A.1.ª de la LO 1/2025, de 2 de enero).

(2) El art. 59.3 del Estatuto de los Trabajadores en consonancia con el art. 103.1 de la Ley 36/2011, de 10 de octubre, reguladora de la jurisdicción social, establece que «(...) el trabajador podrá reclamar contra el despido, dentro de los veinte días hábiles siguientes a aquél en que se hubiera producido. Dicho plazo será de caducidad a todos los efectos y no se computarán los sábados, domingos y los festivos en la sede del órgano jurisdiccional (...)».

(3) En el supuesto especial de contrato indefinido es el del contrato indefinido adscrito a obra del sector de la construcción previsto en la Disposición Adicional Tercera de la Ley 32/2006, de 18 de octubre, reguladora de la subcontratación en el Sector de la Construcción y en el artículo 25 del VII Convenio Colectivo General del Sector de la Construcción, contrato que tiene como objeto las tareas o servicios cuya finalidad y resultado estén vinculados a obras de construcción, teniendo en cuenta las actividades establecidas en el ámbito funcional del antes referido convenio colectivo. A la finalización de la obra la empresa debe efectuar una propuesta de recolocación a la persona trabajadora, previo desarrollo, si es preciso, de un proceso de formación a cargo de la empresa, que puede realizarse directamente o a través de entidad especializada, preferentemente la Fundación Laboral de la Construcción.

(4) El art. 55.4 del Estatuto de los Trabajadores y 108.1 de la LRJS establecen la «improcedencia» del despido cuando no quede acreditada la licitud de la actuación extintiva alegada por el empresario, la certeza de las causas objetivas o no se hubieren cumplido las exigencias formales establecidas para el despido.

(5) Será requisito previo para la tramitación del proceso el intento de conciliación o, en su caso, de mediación ante el servicio administrativo correspondiente o ante el órgano que asuma estas funciones que podrá constituirse mediante los acuerdos interprofesionales o los convenios colectivos a los que se refiere el artículo 83 del Texto Refundido de la Ley del Estatuto de los Trabajadores, así como mediante los acuerdos de interés profesional a los que se refieren el artículo 13 y el apartado 1 del artículo 18 de la Ley del Estatuto del trabajo autónomo.

(6) Las partes podrán comparecer por sí mismas o conferir su representación a abogado, procurador, graduado social colegiado o cualquier persona que se encuentre en el pleno ejercicio de sus derechos civiles. La representación podrá conferirse mediante poder otorgado por comparecencia ante el letrado o letrada de la Administración de Justicia, a través del registro electrónico de apoderamientos apud acta o por escritura pública. En el caso de otorgarse la representación a abogado deberán seguirse los trámites previstos en el apartado 2 del artículo 21 de la LRJS.

Formulario de comunicación de disconformidad con la extinción del contrato indefinido adscrito a obra por incorrecta aplicación del criterio de permanencia

Modelo para comunicar la disconformidad con el fin de un contrato indefinido de obra por incorrecta aplicación del criterio de permanencia en construcción.

En [LOCALIDAD], a [DÍA] de [MES] de [AÑO]. (1)

D./D.ª [NOMBRE PERSONA TRABAJADORA].

[DATOS PERSONA TRABAJADORA].

A la Empresa: [NOMBRE EMPRESA].

D./D.ª [NOMBRE PERSONA TRABAJADORA], en posesión del DNI núm. [DNI], trabajador/a de la empresa cuyos datos figuran en el encabezamiento con el grupo profesional de [GRUPO PROFESIONAL] y domicilio a efectos de notificación en [DOMICILIO], tlf. [NÚMERO] y correo electrónico [E_MAIL] y antigüedad desde el [FECHA]. Mediante el presente escrito,

MANIFIESTO

Mi disconformidad con la extinción del contrato indefinido adscrito a obra (1) notificada el pasado [FECHA] por entender que no se ha respetado el criterio de permanencia establecido en el artículo 25.5 del VII Convenio General del Sector de la Construcción, dentro del mismo área funcional, nivel, función, grupo profesional y características señaladas en los Anexos X y XI. (2)

El motivo de la presente exposición de disconformidad aparece al existir personas trabajadoras de igual encuadramiento con menor tiempo de servicio en el puesto y/o menor antigüedad en la empresa, por lo que

SOLICITO

La revisión de la decisión extintiva y el mantenimiento de mi relación laboral conforme a los criterios convencionales.

Sin otro particular y agradeciéndole acuse de recibo de la presente, le saluda,

Atentamente

[FIRMA]

[NOMBRE PERSONA TRABAJADORA].

Recibí

[FIRMA Y SELLO EMPRESA]

La empresa.

---

(1) Tendrán la consideración de contratos indefinidos adscritos a obra aquellos que tengan por objeto tareas o servicios cuya finalidad y resultado estén vinculados a obras de construcción, teniendo en cuenta las actividades establecidas en el ámbito funcional del presente Convenio.

(2) Los criterios de prioridad o permanencia que deben operar en caso de existir un exceso de personas con la cualificación necesaria para desarrollar las mismas funciones dentro del mismo área funcional, nivel, función, grupo profesional y características de este (criterios generales, formación y tareas) según lo contenido en el Anexo X y XI del CCGSC, seguirán el siguiente orden:

A) Persona trabajadora con más tiempo de servicio y experiencia en la empresa para el mismo puesto a ocupar en la nueva obra.

B) Persona trabajadora con más tiempo de antigüedad en la empresa.

c) La inexistencia en la provincia en la que esté contratada la persona trabajadora de obras de la empresa acordes a su cualificación profesional, nivel, función y grupo profesional una vez analizada su cualificación o posible recualificación.

En el supuesto a) anterior, la persona trabajadora deberá notificar por escrito a la empresa la aceptación o rechazo de la propuesta en el plazo de siete días desde que tenga conocimiento de la comunicación empresarial. Transcurrido dicho plazo sin contestación se entenderá que la persona trabajadora rechaza la propuesta de recolocación.

En los supuestos recogidos en los apartados b) y c) precedentes, la empresa deberá notificar la extinción del contrato a la persona trabajadora afectada con una antelación de quince días a su efectividad. No obstante, la empresa podrá sustituir este preaviso por un importe equivalente a los días de preaviso omitidos calculado sobre los conceptos salariales de las tablas del convenio colectivo que resulte de aplicación, todo ello sin perjuicio de la notificación escrita del cese. El citado importe deberá incluirse en el recibo de salario con la liquidación correspondiente al cese.

Formulario de certificado de formación en materia de prevención de riesgos para la subcontratación en el sector de la construcción

De conformidad con lo previsto en el artículo 10 de la Ley 32/2006, de 18 de octubre, las empresas deberán velar por que todos los trabajadores que presten servicios en las obras tengan la formación necesaria y adecuada a su puesto de trabajo o función en materia de prevención de riesgos laborales, de forma que conozcan los riesgos y las medidas para prevenirlos (art. 12 del Real Decreto 1109/2007, de 24 de agosto).

Según el art. 153 del VII CCGSC:

> «(...) el cumplimiento del requisito de formación de los recursos humanos a que se refiere el artículo 4.2.a) de la Ley 32/2006, de 18 de octubre, reguladora de la subcontratación en el Sector de la Construcción, será acreditado por las empresas mediante certificación expedida por la Confederación Nacional de la Construcción o las entidades en que ésta delegue.
>
> La certificación se referirá a la formación específica regulada en el presente Convenio impartida por la Fundación Laboral de la Construcción o por empresas o entidades con la formación preventiva homologada recibida por las personas trabajadoras de la empresa que presten servicios en obras de construcción y por aquellas personas que ejercen funciones de dirección en la misma.
>
> La Confederación Nacional de la Construcción y la Fundación Laboral de la Construcción suscribirán el oportuno convenio que posibilite la gestión de este sistema de acreditación».

Teniendo en cuenta el tamaño del sector y la obligación establecida en el art. 10.3 de la Ley 32/2006, de 18 de octubre, las partes consideran la tarjeta profesional de la construcción (TPC) como una forma de acreditación de la formación en prevención de riesgos laborales por la persona trabajadora y que queda a disposición del titular.

CERTIFICADO DE FORMACIÓN

- Nombre o razón social: [NOMBRE].
- Fecha del certificado: [FECHA].
- CCC [NÚMERO]
- NIF [NÚMERO].

La empresa arriba indicada declara que cuenta con personas que, conforme a su plan de prevención en vigor en la empresa, ejercen funciones de dirección y han recibido la formación necesaria, de conformidad con lo previsto en el artículo 12 del Real Decreto 1109/2007, de 24 de octubre, por el que se desarrolla la Ley 32/2006, de 18 de octubre, reguladora de la subcontratación en el sector de la Construcción.

Asimismo, [NOMBRE], como [Organización preventiva de la empresa/Entidad que acredita la formación/Servicio de prevención ajeno/Servicio de prevención propio/Servicio de prevención mancomunado] certifica que las personas trabajadoras que prestan servicios para la empresa en obras de construcción han recibido formación específica en materia de prevención de riesgos laborales.

[FIRMA]

Organización que acredita la formación.

[FIRMA]

La empresa.